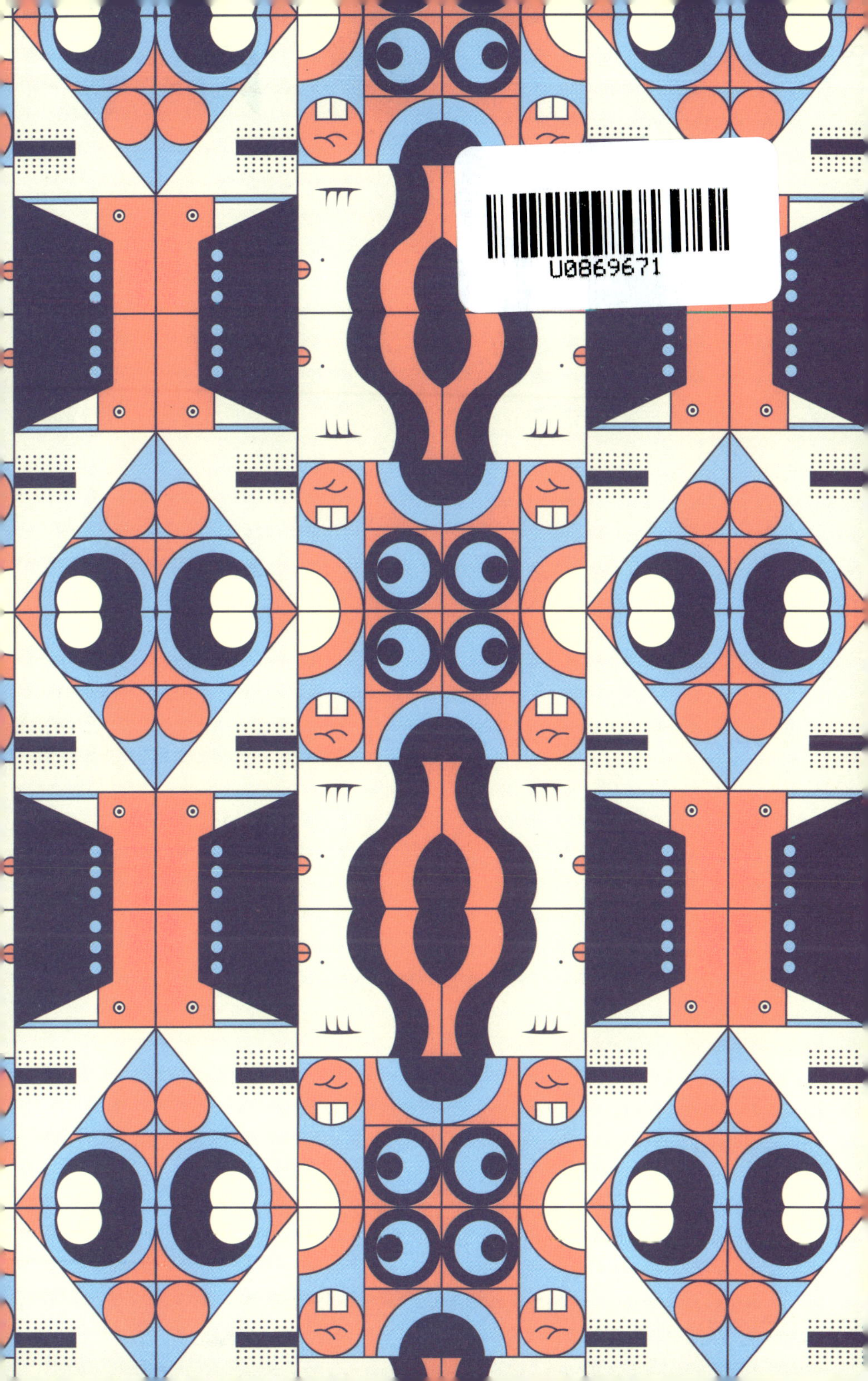

BOOKS LIFE
斑马读库

我　思　故　我　在

Education and the Good Life

养育的基本

[英] 伯特兰·罗素 著
许雅蓉 译

文化发展出版社
Cultural Development Press
·北 京·

图书在版编目（CIP）数据

养育的基本 / (英) 伯特兰 · 罗素著 ; 许雅蓉译 . — 北京 : 文化发展出版社 , 2024. 11. — ISBN 978-7-5142-4500-4

Ⅰ . G78

中国国家版本馆 CIP 数据核字第 2024Z65R64 号

养育的基本

著　　者：[英] 伯特兰 · 罗素
译　　者：许雅蓉

出 版 人：宋　娜　　　　责任印制：杨　骏
责任编辑：肖润征　杨嘉媛　　责任校对：岳智勇　马　瑶
策划编辑：唐　三　史英男　　封面设计：于沧海
出版发行：文化发展出版社（北京市翠微路2号 邮编：100036）
网　　址：www.wenhuafazhan.com
经　　销：全国新华书店
印　　刷：河北朗祥印刷有限公司

开　　本：880mm × 1230mm　1/32
字　　数：117千字
印　　张：7.75
版　　次：2024年11月第1版
印　　次：2024年11月第1次印刷

定　　价：68.00元
I S B N：978-7-5142-4500-4

◆ **如有印装质量问题，请电话联系：010-68567015**

前言

养育的基本

我们追求的教育理想，是为每个孩子提供最优质的教育机会。

现代教育理论和实践中的一些最宝贵的成果，都根植于民主的理念。例如，蒙台梭利[①]女士的教育理念就是从贫民区的幼儿园起步的。在高等教育层面，我们应当为有特殊才能的学生提供特别的机会，同时确保没有任何孩子会因为接受普及教育而吃亏。

现代教育中还有一个与民主紧密相关的趋势，或许还有更多的讨论空间——教育应更加注重实用性而非仅仅作为装饰。

在男孩的教育中，这一问题与古典教育和现代教育的辩论紧密相连；而在女孩的教育中，这个问题往往与"淑女理想"和培养女孩独立性的愿望相冲突。

---

① 玛利亚·蒙台梭利（Maria Montessori，1870—1952），意大利幼儿教育家，意大利第一位女医生，创立了蒙台梭利教育法。

我们是否应该迅速将教育转变为特定行业或职业的技术培训？我们是否应该教育孩子成为发音准确、举止优雅的人？或者这些只是贵族时代的遗风？艺术欣赏对于非艺术家有何价值？我们是否应该使用拼音教学？所有这些以及许多其他问题，都在实用性和装饰性之间展开了辩论。

教育的功利主义者强烈主张，教育的结果应该是实用的，他们认为只有物质满足才具有内在价值，对他们来说，"实用"意味着能够帮助我们满足身体的需求和欲望。

然而，真正的问题不在这里，真正的问题在于：教育过程中，我们是应该专注于传授实用的知识，还是应该致力于赋予学生宝贵的精神财富？这种精神财富不仅能带来内心的满足，还能使人变得更美好。

在功利主义教育的支持者和反对者之间的争论中，主要有三个争议点：

第一，闲暇时间应该用来让自己获得快乐，还是用来造福他人？

第二，是追求物质利益，还是追求精神上的愉悦？

第三，是不是只有没用的知识才具有内在价值？是不是所有具有内在价值的知识都是没用的？

随着人类知识的总量不断增长，所遇到的问题也日益复杂化。每一代人都需要改进其教育方法，确保有足够的时间学习新知识。我们必须通过妥协来寻求平衡。教育中的人文知识必须保留，但需要简化，以便为其他知识领域腾出空间。没有这些其他知识，科学创造的新世界将无法实现。

这并不是说教育中的功利性知识比人文知识更重要。要充分发挥想象力，就必须了解一些著名的文学作品、世界历史、音乐、绘画和建筑等，这些都是不可或缺的。未来世界的蓝图需要通过想象力来构建，没有想象力，“进步”就会变得墨守成规、平庸乏味。在高度机械化的文明中，存在着过分强调功利主义的风险，这种功利主义可能会为了效率而牺牲生命中的审美。

如果某个学科包含晦涩的技术性内容，那么它最好是实用的，否则就只适合专业人士去学习。对于大多数孩子来说，应该以易于理解的方式向他们传授人文知识。未来几年，教育的重点可能会放在数学和科学上，但对于在其他学科表现出浓厚兴趣或特殊才能的孩子，情况则有所不同。总的来说，我们应该避免教育过程变得过于刻板和僵化。

还有一些与教学方法、德育或人格塑造有关的其他问题。这里涉及的是心理学和伦理学。

首先是纪律问题。传统的纪律观念较为简单——通过命令孩子做他们不喜欢的事，或禁止他们做自己喜欢的事，不服从的孩子就会受到体罚，严重的情况下会被关禁闭。而现代教育者倾向于通过制定规则来维持纪律，这些规则像游戏规则一样，遵守它们是有趣的，孩子不会感到被强迫。这种方法的核心思想是，良好的纪律不在于对儿童施加外部胁迫，而在于培养儿童形成心理习惯。

其次是道德和人格教育问题。孩子们天生渴望得到长辈和同伴的喜爱，他们拥有各种冲动，这些冲动会根据外部环境的影响而向好的或坏的方向发展。他们正处于形成新习惯的关键时期，而这些好习惯往往能够自然地带来许多美德。尽管有时需要用意志力来抑制不良想法，但这并不是培养美德的最佳途径。总之，性格教育应该从孩子出生时就开始，贯穿于他们的整个成长过程。

在深入讨论教学方法之前，我们需要明确我们的教育目标是什么。

不同的教育目标将导致不同的教育实践。只有当我们对希望培养的人才类型有了清晰的认识，我们才能确定什么是最佳的教育方式。

许多国家将国家繁荣视为教育的最终目标，但这种目标只在极端情况下才合理。

教育应该培养这样一种信念：尽管存在困难，但知识是可以被获取的。在任何时代，被认为是知识的东西都可能包含错误，而这些错误可以通过谨慎和勤奋来纠正。我们必须警惕在行动时因小失大，但我们的行动仍应以信念为基础。

现代社会的复杂性要求我们培养具有多样性的人才，这些人才能够展现出丰富的想象力和同情心，具备理性思考和灵活应变的能力，比起个人勇气更信奉技术和知识。

学生应该被视为教育的目标，而不是手段。孩子们和年轻人能够敏感地察觉到那些真正关心他们福祉的人和那些将他们视为达成其他目标工具的人之间的区别。如果教师缺乏对学生的关爱，学生的性格和智力发展将受到限制，而这种关爱本质上是将孩子作为目的的一种感觉。我们对自己都有这样的感觉：我们希望得到好的东西，而这不需要先证明它们有助于实现某个更伟大的目标。

教育工作者仅仅关心年轻人是不够的，他们还需要对人类的美德有正确的理解。

首先，我们必须区分：有些品质可能只适用于特定人群，而有些品质则是普遍适用的。社会需要艺术家和科学家，也需要好的官员、农民、磨坊主和面包师。那些使人们在特定领域成为专家的品质，通常不适合要求每个人都具备。

我认为理想人格的基础由四种品质构成：活力（vitality）、勇气（courage）、敏锐（sensitiveness）以及理性（intelligence）。并不是说有了这些品质就是完美的，但它们为我们提供了正确的方向。我坚信，只要年轻人在身体、情感和智力上得到适当的培养和关怀，这些品质就会变得普遍。

第一种品质是活力。与其说它是一种心理素质，不如说它是一种身体素质。它可以增加快乐，减少痛苦，并有助于人们避免陷入嫉妒，享受自己的生活。

第二种品质是勇气。勇气使人们能够面对恐惧，无论是合理的还是不合理的。真正的勇气需要健康和活力、处理危险情况的经验和技能，以及自尊和一种无我的人生观。这种勇气是积极的、符合本性的，而不是消极的、压抑本性的。

第三种品质是敏锐。敏锐是对纯粹的勇气的一种纠正。那些对危险一无所知的人可能表现得更有勇气，但这种勇气多半是愚蠢的。任何基于愚昧无知或不吸取教训的行为都是不可取的，而拥有充分的知识和深刻的洞察力则是我们应当追求的重要品质之一。

第四种品质是理性。理性需要机智且敏感的好奇心。好奇心必须与特定的求知方法相结合才能获取成果。我们需要培养观察的习惯，坚信知识的力量，并保持耐心和勤奋。在好奇心和适当的理性教育的基础上，这些品质可以自然而然地发展起来。

一个由拥有教育所能培养出的最高程度的活力、勇气、敏锐和理性的男女所组成的社会，将与迄今为止存在的社会截然不同，不幸福的人将会很少。敏锐将激发消除贫困的渴望，理性将提供前进的方向，勇气将激励行动。一代无所畏惧的女性能够改变世界，因为她们孕育了勇敢的下一代，这些孩子没有被扭曲的心理，而是诚实、坦率、慷慨、博爱且自由的。他们的热情将消除我们因懒惰、懦弱、冷漠和愚蠢而遭受的苦难。

教育，是开启新世界大门的钥匙。

目录 Contents

第1篇 性格塑造

第1章
如何在婴幼儿期进行教育 / 002

第2章
如何消除孩子的恐惧心理 / 016

第3章
如何通过游戏和想象进行教育 / 038

第4章
如何通过建设体验培养孩子的美德 / 052

第5章
如何培养孩子的财产观念 / 063

第6章
如何培养孩子的诚实品质 / 073

第7章
何时需要对孩子进行惩罚 / 082

第 8 章
怎样的同伴有利于孩子的成长 / 095

第 9 章
如何培养孩子的爱与同情 / 105

第 10 章
如何对孩子进行性教育 / 126

第 11 章
应该为孩子选择怎样的幼儿园 / 140

第 2 篇　智力培养

第 1 章
如何让孩子主动学习知识 / 156

第 2 章
14 岁前，孩子应该从学校学什么 / 177

第 3 章
14 岁后，孩子应该从学校学什么 / 194

第 4 章
上走读学校，还是寄宿学校 / 207

第 5 章
孩子应该接受怎样的大学教育 / 217

第 6 章
教育应以爱为始 / 229

第❶篇

性格塑造

有人抱怨科学的介入打乱了传统的育儿方式，认为它破坏了母子间亲密无间的温馨时刻。然而，仅凭情感行事并不能和舐犊情深共存。

第 1 章 /

如何在婴幼儿期进行教育

养育的基本

以往，人们普遍认为教育是从婴儿能够说话之后才开始的。在婴儿成长的早期阶段，尤其是他们还不会说话之前，他们的照料通常由母亲或保姆全权负责，人们认为这些照料者本能地知道什么对孩子最好，但事实上，她们往往缺乏正确的知识，导致许多婴儿在出生后的第一年不幸夭折，而那些幸存下来的孩子中，很多也遭受了健康损害，不当的护理还可能为将来的心理问题埋下隐患。直到近期，人们才开始逐渐意识到这些问题的严重性。

有人抱怨科学的介入打乱了传统的育儿方式，认为它破坏了母子间亲密无间的温馨时刻。然而，仅凭情感行事并不能和舐犊情深共存。真正关心孩子福祉的父母，如果想要确保孩子的健康，就必须运用理性和科学的方法。有趣的是，我们发现最容易情绪化反对科学介入育儿的人，往往是那些没有孩子的人，或是像卢梭那样主张将孩子送往育婴院（Foundling Hospital）的人。

而大多数受过教育的父母会主动寻求科学的育儿建议，文化水平较低的父母也可以通过妇产中心获得帮助。这些做法的直接效果是使婴儿死亡率的明显下降。我们有理由相信，只要护理得当、技术到位，婴儿期的死亡率将大幅降低，幸存的孩子们也将拥有更健康的身心。

从严格意义上讲，身体健康并不在本书的讨论范围内，这个问题应该由医生来解决。我并不想过多涉猎，除非这些问题在心理学上具有重要意义。然而，婴儿的生理和心理在刚出生时是紧密相连的，而且在照顾婴儿时所犯的生理学上的错误，也会给后来的教育工作者带来麻烦。因此，我们不能完全避免讨论一些本不属于我们专业领域的内容。

婴儿出生时拥有各种反射和本能，但尚未形成任何习惯。在子宫内形成的习惯在新环境中不再适用，有时他们甚至需要学习如何呼吸，一些婴儿就是因为学习得不够快而夭折。只有吮吸这种本能是完善的，当婴儿吮吸时，不会因为新环境而感到不适。但在其余清醒的时刻，婴儿都是在一种恍惚和困惑中度过的，而摆脱这种状态的方法是在一天24小时中的大部分时间里睡觉。

两周后，一切都变了。婴儿已经从定期重复的经历中学会了期待，他们变成了保守派，甚至可能会比以往任何时候都更加彻底地保守。他们讨厌所有新事物，如果可以说话，他们会问："你认为我这辈子会改变自己终生保持的习惯吗？"婴儿养成习惯的速度惊人，他们养成的每一个坏习惯都会对将来的好习惯的养成形成阻碍，这正是为什么在婴儿期培养良好习惯如此至关重要。如果这些最初的习惯都是好的，就能够避免未来众多的麻烦。从长远来看，早期养成的习惯与本能没有什么不同，两者都很顽固，即使后来形成了与之对立的新习惯，也无法拥有和它们同等的力量。因此，我们应该高度重视最初习惯的养成，它们为孩子未来的发展奠定了基础。

当我们讨论婴儿期的习惯养成时，需要关注两个方面：健康和性格。我们希望孩子不仅身体健康，而且性格开朗，能够成功地应对生活的挑战。幸运的是，健康和性格的培养往往是相辅相成的。我们不希望面临这样的选择：要么培养出一个强壮的恶棍，要么培养出一个虚弱多病的圣人。

现在，许多受过教育的母亲都知道定时喂养婴儿的重要性，而不是仅在婴儿哭泣时才喂养。定时喂养有助于婴儿的消化，从道德教育的角度来看，这种方法也是有益的。婴儿比我们想象的要精明得多，一旦他们发现哭泣可以带来好处，就会一直这么做。如果他们因为习惯于抱怨而在以后的生活中变得不受欢迎，他们可能会感到惊讶和愤怒。但如果他们长得有魅力，即使生气时也可能受到喜爱，这可能会强化他们在童年时期养成的坏习惯。富人亦是如此。除非从婴儿时期就得到合理的对待，否则依据其父母的能力不同，他们将来就会变得喜欢抱怨或贪得无厌。从婴儿出生开始，就应该对孩子进行道德训练，因为从那时开始的训练往往不会失望。倘若从其他任何时间开始，都会遇到来自不良习惯的强烈抵抗，从而引发敌意。

在照顾婴儿时，找到放任与溺爱之间微妙的平衡至关重要。我们应采取一切必要措施以维持婴儿的健康。当婴儿感冒时，应给予细致的照顾，确保其身体保持干燥与温暖；然而，如果婴儿的哭泣并非出于身体原因，就让他哭一会儿，以防他变成一个任性的小皇帝。在照顾婴儿时，当然要做应该做的事，但不应过度溺爱，不要过度表达爱意。任何时候，都不应将婴儿视为比宠物更有趣的存在，而应从一开始就将其视为一个潜在的成年人认真对待。有些习惯在成年人身上会让人无法接受，但在婴儿身上可能显得可爱。虽然婴儿不可能真正拥有成年人的习惯，但我们应避免任何可能阻碍这些习惯形成的因素。特别是，我们不应让婴儿产生自负感，因为这种自负感在未来可能会转变为挫折感，并且经常与现实不符。

婴儿教育的挑战在于父母如何实现这种微妙的平衡。为了不损害婴儿的健康，父母必须关注每一个细节，精心照料。没有父母深沉的爱，这些品质难以达到应有的水平。然而，这种爱也可能变得不明智。对父母来说，婴儿是无价之宝。如果不注意，婴儿可能会意识到这一点，并认为自己对他人也同样重要。但在未来的生活中，社会环境不会像父母那样将他视为珍宝，他会因为认为自己是他人世界的中心而碰壁。因此，父母应该冷静地对待婴儿偶尔的小病痛，用平常心去面对，无论是在婴儿刚出生的第一年还是以后，都应如此。

过去，婴儿既受到束缚又受到溺爱。他们的手脚不自由，穿的衣服太暖和，独立活动受限，但大人们经常抚摸他们，给他们唱歌，摇晃摇篮，还把他们抱在腿上逗弄。这种过度溺爱做法是错误的，因为它可能导致孩子成为一个被宠坏的寄生虫，无法自立①。正确的做法是鼓励婴儿独立活动，减少对他人的依赖。不要让婴儿看到你为他做了那么多，或遭受了那么多痛苦。应尽可能让婴儿体验到成功的喜悦，但这种成功应该通过他自己的努力来实现，而不是通过命令大人来实现。

在现代教育中，我们的目标是尽量减少外部的干预，但这需要内在的自律。与其他时期相比，婴儿刚出生时更容易培养这种自律。例如，当你想让婴儿睡觉时，不要摇晃摇篮，不要抱着他，甚至不要待在他能看到你的地方。一旦你这样做了，下次婴儿也会要求你这样做，这将使婴儿在短时间内入睡变得困难。让婴儿保持温暖、干燥和舒适，然后果断地放下他，轻声说几句话，让他一个人待着。他可能会哭几分钟，但只要没有生病，很快就会停止哭泣。当你再次回头看时，会发现他已经睡着了。与爱抚和迁就相比，这种方法可以让孩子睡得更久。

正如前文所述，婴儿没有习惯，只有反射和本能。

① 若有人拿世界毕竟进步了来进行反驳，那么我会回答说，世界并没有以它本来可以达到的速度进步，也没有以若是合理教育孩子就可以达到的速度进步。——作者注

这表明他们的世界不是由“客体”（objects）构成的。认知的形成依赖于经验的重复，而这种认知又是理解“客体”概念的基础。婴儿很快就会对婴儿床的触感、母亲乳房（或奶瓶）的触感和气味，以及母亲或保姆的声音产生熟悉感。但由于他们尚未学会如何聚焦视线来识别物体的形状，他们对母亲床的视觉外观只能在稍后才能识别。触觉、视觉、嗅觉和听觉的感官体验，只有通过习惯的联想才能逐步整合成对客体的普遍理解。一旦这种理解形成，婴儿就会期待客体的再次出现。即便在这个阶段，婴儿还不能区分人与物的不同，例如，一个既接受母乳喂养又接受奶瓶喂养的婴儿，在一段时间内，对母亲和奶瓶的感觉是相似的。

在这个阶段，教育应采用物质手段。婴儿的快乐源于物质——主要是食物和温暖，而他们的痛苦也是物质上的。他们的行为习惯是通过寻找带来快乐的事物和避免带来痛苦的事物来形成的。婴儿的哭泣有时是对痛苦的反应，有时是为了追求快乐。最初，哭泣确实是因为痛苦，但随着所有可能的痛苦都被尽可能地消除，哭泣最终会与快乐的结果联系起来。

婴儿很快就会学会为了追求快乐而不是因为不舒

服而哭泣，这是他们智力发展的一个重要里程碑。然而，他们无法发出真正痛苦时发生那种哭声，母亲通过仔细倾听可以辨别出差异。如果母亲足够明智，她应该忽略那些不是因为身体不适而发出的哭声。虽然把婴儿抱在腿上、摇动他或哼歌哄他看似简单又舒适，但婴儿会迅速学会要求更多这种娱乐，这可能会妨碍必要的睡眠——睡眠本应占据他们一天中的大部分时间。尽管这些建议可能听起来有些冒犯，但经验表明，这对婴儿的健康和幸福是有益的。

成年人提供的娱乐应适度，同时应尽可能鼓励婴儿自我娱乐。从一开始，婴儿就应该有机会踢腿和活动肌肉。令人惊讶的是，我们的祖先能够长时间坚持使用襁褓，这表明即使是父母的爱也难以战胜懒惰，因为一个自由活动的婴儿需要更多的照顾。

孩子一旦能够集中视力，看到移动的物体，特别是那些随风飘动的物体时，就会感到兴奋。在孩子学会抓取他们所看见的物体之前，他们可进行的娱乐活动相对有限。但当他们掌握了抓握技能，幸福感会迅速提升。在一段时间内，练习抓握足以让孩子在醒来时感到乐趣，同时，对声音的兴趣也在这个阶段培养起来，而对脚趾和手指的控制则更早一些。最初，脚趾的活动纯粹是反射性的，但随着婴儿意识到它们可以自由活动，他们会感到无比的喜悦——脚趾不再是陌生的身体部分，而是成为他们身体的一部分。从那时起，只要婴儿能够触及合适的物品，他们就能找到许多自娱自乐的方式。婴儿的大部分娱乐活动对于他们的教育是必要的——只要确保他们不会摔倒、吞下大头针或做其他可能伤害自己的行为。

除了食物带来的满足外，婴儿出生后的前三个月生活通常较为单调。他们舒适时会睡觉，但醒着时往往会感到不适。人类的快乐依赖于心理能力，但三个月以下的婴儿缺乏经验和肌肉控制能力，使得这些能力无法被发挥出来。相比之下，动物幼崽会更早地开始享受生活，因为它们更多依赖本能，较少依赖经验。然而，婴儿能够依赖本能做的事情很少，因此他们的乐趣有限。总的来说，婴儿的前三个月相当无聊。不过，无聊对于保证充足的睡眠倒是必要的。如果总是逗弄婴儿，他们就无法获得足够的睡眠。

婴儿在两三个月大时会学会微笑，并对人产生与对物品不同的感觉。在这个年龄段，母亲和婴儿之间的社会关系可能开始形成：当看到母亲时，婴儿能够明确地表现出幸福，同时出现的反应也超越了动物本能。

很快，婴儿对赞扬和认可的渴望会增强。我儿子在五个月大时首次表现出这种渴望，当他多次尝试后终于成功拿起并敲响一个沉重的铃铛时，他带着自豪的微笑环顾四周。从那时起，教育者拥有了新的武器——表扬和责备。这两件武器在整个童年都非常强大，但使用时必须非常谨慎。在婴儿出生的第一年，不应对他们有任何责备，之后也要尽可能少责备。表扬的危害相对较小，但也不应轻易或过度地给予表扬，以免失去其应有价值。当婴儿第一次学会走路或者说出可以理解的话时，即使是最冷静的父母也会忍不住表扬。一般来说，当婴儿通过不懈努力克服困难后，表扬就是恰当的奖励。此外，让婴儿感受到你支持他的学习愿望，这对他们也是非常有益的。

总体而言，婴儿对知识的渴求异常强烈，父母只需为他们提供学习机会就好。给予婴儿成长的空间，其余的任由他们自己去探索。没有必要刻意去教婴儿如何爬行、走路或掌握其他基本的肌肉控制技能。尽管我们通过与孩子对话来教他们说话，但有意识地教授语言的效果仍有待商榷。

婴儿有自己的学习节奏，强迫他们学习是不对的。人生中，努力的一个重要动力是在克服最初的困难后体验到成功的滋味。挑战既不能过于艰巨以致令人气馁，也不能过于简单以致缺乏激励。这是一条从生到死都适用的基本规律。要想在学习中取得成就，就必须亲自去实践。父母可以为婴儿演示他们想要完成的简单动作，比如摇动拨浪鼓，然后让婴儿自己去理解如何操作。他人的行动只是一种激励，而不是教育本身。

在幼儿期，规律和习惯极为重要，尤其是在出生后的第一年。应该从一开始就培养定时睡眠、饮食和排泄的习惯。此外，对环境的熟悉在心理上也非常重要，这有助于婴儿学会识别不同的事物，避免过度紧张，并营造一种安全感。自然统一性（the uniformity of nature）[①]的信念——这是科学研究中一项普遍的假设，完全源于对安全的渴望。我们可以应对自己预料之中的事情，但

① 自然统一性是指科学研究致力于建立一个融贯、严密且简洁的逻辑体系，根据尽可能少的前提推演出全部自然定律。牛顿运动定律和爱因斯坦的狭义相对论就很好地体现了这种信念，这些理论以最大的普适性将宏观和微观的物质运动规律归纳为简洁的公式。

如果自然法则突然改变，我们就会灭亡。

婴儿需要被安慰，因为他们还很脆弱。如果他们感觉到周围的世界遵循着可预测的规律，就会感到更加幸福。尽管孩子在成长过程中会逐渐喜欢冒险，但在他们出生后的第一年，任何不寻常的事物都可能让他们感到不安。因此，尽量不要让婴儿感到恐惧。如果你因为婴儿生病而感到担忧，你应该小心地隐藏你的不安，以免通过暗示让婴儿感受到这种情绪。

避免做任何可能刺激婴儿的事情。当婴儿没有按时睡觉、吃饭或排泄时，不要让他看出你在意，否则会助长他的自负。这种态度不仅在婴儿出生后的第一年重要，在后续几年中也同样重要。不要给婴儿一种印象，即一些日常必需的行为——如吃饭，本应是一种享受的活动，是因为你想让自己高兴才要求他这么做。否则，婴儿很快就会意识到他们获得了一种新的权力来源，并开始期待被哄着去做那些本应自然而然完成的事情。不要低估婴儿的智慧，尽管他们的体力弱、知识有限，但在这些限制之外，他们的智力并不逊色于成年人。婴儿在出生后的前12个月里所学习的东西比其他任何同样时长的阶段都多，如果没有非常活跃的智力，这是不可能实现的。

总之，即便是刚出生的婴儿，也应该被当作一个在世界上有一定地位的个体来尊重。不要为了一时的方便或者追求照顾孩子的乐趣而牺牲他们的未来，这两种做法都是有害的。正如处理其他事务一样，父母必须将爱与知识结合起来，以免偏离正确的道路。

第 2 章 /

如何消除孩子的恐惧心理

养育的基本

在接下来的章节中，我将全面探讨道德教育，特别是针对2～6岁儿童的道德培养。到6岁时，儿童的道德教育应已基本完成，其他所需的美德应基于已培养的良好习惯和激发的进取精神，自然地在儿童身上发展。只有在早期道德教育被忽视或执行不当的情况下，才需要在日后投入更多精力。

让我们假设孩子健康快乐地度过了第一年后，孩子已经具备了良好的基础。即使父母采取了所有已知的科学预防措施，仍有可能遇到孩子健康状况不佳的情况。然而，随着时间的推移，这类情况发生的频率将会大幅降低。如果能够充分利用现有知识，这些问题在统计上将变得微不足道。

对于那些早期教育不足的孩子，我不打算讨论如何对待他们，因为我认为这应由学校校长来解决，而不是家长。本书专为父母而编写。

孩子出生后的第二年应该是充满快乐的一年。他们通过学会走路和说话获得了自由和力量，每天都在两个方面取得进步[①]。他们开始能够独立玩耍，这让他们对世界产生了强烈的好奇心和探索欲。自然界的鸟、花、河流、海洋以及人造的汽车、火车和轮船等，都能激发他们的兴趣。“我想看看”是这个年龄段孩子最常说的话之一。在花园、田野或海边自由奔跑，他们体验到了摆脱婴儿床和婴儿车束缚的自由和喜悦。与第一年相比，孩子们的消化能力通常有所增强，能够尝试更多种类的食物，咀嚼也成了一种新的享受。因此，只要孩子们得到适当的照顾并保持健康，生命对他来说就是一次奇妙的冒险。

随着孩子能够独立行走和奔跑，他们可能会体验到之前未曾感受到的恐惧和惊吓。约翰·华生博士[②]及其妻子的研究表明，孩子们最害怕的是巨大的声响和摔倒

① 这种说法或许并不完全准确，许多孩子都有明显的停滞期，这让缺乏经验的父母感到焦虑。但在这些时期，孩子们可能以一种难以察觉的方式取得了进步。——作者注

② 约翰·布鲁德斯·华生（John Broadus Watson，1878—1958），美国心理学家，行为主义心理学的创始人。1918年，华生开始研究婴儿，这是以人类婴儿为实验对象的最早尝试。他将行为主义研究方法应用到了动物研究、儿童教养、广告等领域，在心理学客观化方面发挥了巨大作用。

的感觉。然而，由于孩子们通常受到良好的保护，他们很少有机会真正表达这些恐惧。即使他们处于危险之中，由于无法抵抗，恐惧对他们而言似乎并无实际作用。在孩子的第二年和第三年，新的恐惧可能会产生，但这些恐惧是出于联想还是本能，目前仍然是一个有争议的问题。

孩子在第一年没有表现出恐惧，这并不能证明恐惧不是本能的，因为本能可以在任何年龄阶段成熟。即使是最极端的弗洛伊德[①]学派，也不会坚称本能天生就是成熟的。能够自由行动的孩子比那些还不能走路的孩子更易感到害怕，如果恐惧本能是由这种自主性需求所驱动，那么这种情况就不足为奇了。在教育领域，这个问题非常重要。如果所有的恐惧都是通过联想形成的，那么通过不在孩子面前表现出恐惧或厌恶，就可以简单地防止恐惧的形成。相反，如果某些恐惧是天生的，那么就需要更复杂的解决方法。

---

① 西格蒙德·弗洛伊德（Sigmund Freud，1856—1939），奥地利精神病医生、心理学家，精神分析学派的创始人。他于1895年正式提出了精神分析的概念，1899年出版《梦的解析》，被认为是精神分析心理学正式形成的标志。弗洛伊德认为，饥饿、性等本能是促使人格发展的驱动力量。

彼得·查尔默斯·米切尔博士[1]在其著作《动物的幼年时期》(*The Childhood of Animals*)中，通过大量观察和实验指出，动物幼崽通常没有遗传性的恐惧本能[2]。除了猴子和一些鸟类，动物幼崽在面对本应害怕的蛇等天敌时，并不会表现出恐慌，除非它们已经从父母那里学到了这种恐惧。

1岁以下的孩子通常不会对动物感到害怕。华生博士通过一种特殊的方法让孩子学会害怕老鼠：当他把老鼠给孩子看时，会在孩子的脑袋后面一直敲锣。锣声令人害怕，孩子因此将老鼠与恐惧联系起来。然而，在生命的最初几个月里，婴儿似乎对动物没有本能的恐惧。同样，那些没有被暗示害怕黑暗的孩子，也从未表现出对黑暗的恐惧。有强有力的论据支持这样一种观点：我们认为的许多天生的恐惧实际上是后天习得的，如果成年人不制造恐惧，孩子们就不会有恐惧。

为了更深入地理解这个问题，我仔细观察了自己的

---

① 彼得·查尔默斯·米切尔(Peter Chalmers Mitchell，1864—1945)，英国动物学家，创办了惠普斯奈德动物园。

② 我从保罗·鲍斯菲尔德博士(Dr. Paul Bousfield)的《性与文明》(*Sex and Civilization*)一书的引文中了解到这一说法，这本书也强烈支持同样的观点。——作者注

孩子们。由于我无法时时刻刻了解保姆和女佣对他们说了什么，因此在解释我的观察结果时可能会存在一些不确定性。根据我的判断，孩子们的行为支持了华生博士关于第一年恐惧的观点。第二年，他们仍然没有表现出对动物的恐惧，除了我的女儿有一段时间害怕马，这显然是因为一匹马曾快速从她身边跑过并发出巨大声响。

我的女儿还不到2岁，因此我关于孩子更晚期行为的观察主要是基于我儿子的经历。当他快满2岁时，家里来了一位新保姆，她非常胆小，特别怕黑。她的恐惧情绪很快蔓延到儿子身上（起初我们并不知道这一点）。他一看到狗和猫就会迅速逃离，在黑暗的橱柜前感到害怕，不敢靠近；天黑后，房间里到处需要开灯。甚至当他第一次见到妹妹时，也表现出害怕。显然，他把妹妹当成了某种未知的奇怪动物[①]。所有这些恐惧显然都是由那位胆小的保姆传染的，事实上，当那位保姆离开后，他的这些恐惧逐渐消散了。

不过，还有一些恐惧无法用同样的方式来解释，因为它们在保姆到来之前就已经存在，并且指向的是成年

---

① 我觉得这种恐惧与对机械玩具的恐惧相似。当我儿子第一次看到妹妹睡觉时，以为她是个洋娃娃，她动了一下，让他吓了一跳。——作者注

人通常不会感到害怕的物体。这些恐惧的对象主要是那些以不寻常方式移动的东西，特别是阴影和机械玩具。通过观察，我发现这种恐惧在儿童时期是常见的，并且有充分的理由表明它们可能是天生的。威廉·斯特恩[①]在其著作《幼儿心理学》（*Psychology of Early Childhood*）中，就以“对奇怪事物的恐惧”为题讨论了这个问题。他指出：

> 这种恐惧的特殊意义，尤其是在幼儿期，过去并未得到儿童心理学家的广泛关注。直到最近，谷鲁斯[②]才将这一议题引入了讨论。他强调：“与对已知威胁的恐惧相比，对未知事物的恐惧更像是一种原始的本能。”当孩子遭遇与他们所熟悉的感知相违背的事物时，可能会有三种不同的反应。在第一种情况下，孩子将这些事物视为过于陌生，以至于将其完全排除在外，因而不会主动去留意。第

① 威廉·斯特恩（William Stern，1871—1938），德国心理学家、哲学家，现代儿童发展心理学的重要创建者，对儿童人格发展理论做出了卓越贡献。

② 卡尔·谷鲁斯（Karl Groos，1861—1946），德国哲学家、心理学家、美学家，提出了一种进化论工具主义的游戏理论，著有《美学导论》《动物的游戏》《人类的游戏》《审美欣赏》等。

二种情况是，孩子的日常感知过程遭遇了明显的中断，这种中断足以吸引他们的注意，但不至于混乱。更具体地说，这激发了他们的好奇心和求知欲，这是所有思考、判断和探索的起点。第三种情况是，新出现的事物严重打乱了孩子对旧事物的认知，使他们对熟悉的概念感到困惑，难以迅速适应。随之产生的是恐惧，伴随着强烈的不快乐，即对不熟悉事物的恐惧。谷鲁斯明智地观察到，这种对不熟悉事物的恐惧显然也是本能的，它对应着人类世代相传的某种必要的生物学机制。

斯特恩列举了多种例子，其中包括“害怕突然打开的伞”和“习惯性地害怕机械玩具”。值得一提的是，对伞的恐惧在动物界也有体现——马和牛在见到伞突然打开时会惊慌失措，四处逃散，这是我亲眼所见。我儿子的恐惧感与斯特恩所描述的如出一辙，当那些家里看不到的物体（如公交车）穿过街道，将快速移动的模糊阴影投射进房间时，他会因此感到害怕。我采取的应对策略是，用手指在墙面和地面上制造影子，并鼓励他模仿我，不久他就理解了影子的本质，并开始享受其中的乐趣。

在处理对于机械玩具的恐惧时，同样的原则也适用：一旦他看到玩具内部的机械结构，恐惧感便消失了。然而，如果玩具的机械结构不可见，消除恐惧就需要更长的时间。他曾收到一个礼物坐垫，这个坐垫在被坐着或者被挤压时会发出一声长长的、悲伤的哭声，这让他害怕了很长时间。尽管如此，我们并没有将这个吓人的物品完全藏起来，而是将其放得较远，因此它只会造成轻微的恐惧；通过这种方式，我们逐渐培养了一种熟悉感，并坚持这样做，直到恐惧感完全消失。通常，在恐惧被克服之后，那种起初引发恐惧的神秘感会转变为快乐。我认为不应该忽视那些看似不合理的恐惧，而应该通过逐步熟悉来慢慢克服它们。

对于孩子完全没有的两种合理恐惧，我们采取了截然不同的处理方式，尽管这可能并不恰当。在一年中，我有半年时间居住在岩石海岸，那里有很多悬崖。我儿子对高处的危险一无所知，如果我们不加以阻止，他可能会直接跳下悬崖。有一次，我们坐在一个陡峭的斜坡上，斜坡的边缘是一个深达100英尺（30多米）的悬崖。我们平静地向他解释，如果他越过边缘，就会掉下去，像盘子一样摔碎——他不久前刚见过一个盘子摔得粉碎。他静静地坐了一会儿，反复自言自语着“跌倒”和“摔碎”，然后请求我们带他远离悬崖边缘。

这发生在他2岁半的时候。从那时起，只要我们在旁边，他对高处的恐惧就足以确保他的安全。但如果我们不看着他，他仍然会表现得很鲁莽。现在他3岁9个月大，能够毫不犹豫地从6英尺（约1.8米）高的地方跳下，如果允许，他甚至愿意从20英尺（约6.1米）的高度跳下。显然，关于恐惧的教育并没有产生过度的效果，因为孩子是通过指导而不是通过联想来学会恐惧的。当我们给出指示时，我们自己并不害怕，我认为这在教育中非常重要。我们应该合理地担心危险，但无须过度恐惧。没有一定程度的恐惧，孩子就不会意识到危险，但只要大人不表现出恐惧，孩子的恐惧程度就可以被大大降低。照顾孩子的大人绝不应该表现出恐惧，这也是女性应该像男性一样培养勇气的原因之一。

第二个例子处理起来相对简单。有一次，我和儿子（3岁4个月）散步时，意外地遇到了一条蛇。儿子之前看过蛇的图片，但从未见过真正的蛇，他不知道蛇会咬人，因此看到蛇时非常兴奋，甚至追着蛇跑。我知道他追不上蛇，所以没有阻止他，也没有告诉他蛇很危险。不过，从那以后，他的保姆就不再允许他在草丛中奔跑，担心里面可能有蛇。这让他心中产生了轻微的恐惧，但这种恐惧并没有超出我们认为合理的范围。

到目前为止，最难克服的是对海洋的恐惧。我们第一次尝试把儿子带进海里是在他2岁半的时候。一开始，这几乎是不可能的任务。他不喜欢冰冷的海水，害怕海浪的声音，还觉得海浪总是不断涌来，从未退去。当海浪很大时，他甚至不愿意靠近海边。那是一个对一切都充满恐惧的阶段：动物、奇怪的声音，以及其他各种各样的东西都会引起恐慌。面对他对大海的恐惧，我们采取了循序渐进的方法。

我们首先让孩子在一个远离大海的浅水池里玩，直到他不再讨厌冷水。温暖的四个月过去之后，他已经享受在远离海浪的浅水中玩耍的乐趣。但当他被放在齐腰深的水池里时，他仍然会哭泣。我们让他适应海浪声音的办法是，先让他在看不见海浪的地方每次玩耍一小时；然后带他到一个能看到海浪的地方，让他观察海浪的起伏。通过这些办法，再加上父母和其他孩子的示范，他最终能够无所畏惧地接近海浪。我确信这种恐惧是与生俱来的，而不是由任何联想引起的。

第二年夏天，他3岁半的时候，我们进行了再次尝试。他依然对真正踏入大海心存畏惧。尽管我们多次尝试说服他，并且让他目睹其他人在海里游泳，但这些努力都未能奏效。无奈之下，我们只能重复之前的策略。每当他表现出胆怯，我们让他觉得我们为他感到羞耻；而每当他展现出勇气，我们便给予他热烈的赞扬。在大约两周的时间里，无论他如何挣扎和哭泣[①]，我们每天都会将他放进高度到脖子的海水中。挣扎和哭泣逐渐减少，他开始主动要求我们把他放进水里了。两周后，我们实现了目标：他不再对大海感到恐惧。

自那时起，我们给予了他完全的自由。只要天气适宜，他便可以自由地去海里游泳，这显然成了一种极大的享受。虽然他的恐惧并未完全消散，但他的自尊在一定程度上抑制了这种恐惧。随着对海水的逐渐熟悉，他的恐惧感也慢慢减轻，直至完全消失。与此同时，我的小女儿，现在1岁8个月，从未对大海表现出恐惧，她

① 在我像他那么大的时候，大人们的做法是抓住我的脚踝倒提起来，把我的脑袋浸在水里一阵子。这个奇怪的方法成功地使我喜欢上了水，但我并不建议使用这种方法。——作者注

总是能够毫不犹豫地奔向大海。

我详细叙述了这一事件，因为它在某种程度上与我深感尊重的现代教育理念相冲突。在教育中，通常不提倡使用强迫手段，但为了克服恐惧，我认为有时强迫是有用的。当孩子们面临强烈且不合理的恐惧时，如果仅凭自己的力量，他们可能永远无法通过实际体验来证明这些恐惧是无根据的。只要反复置身于某种情境中而不受到伤害，孩子们可以通过熟悉来消除恐惧。仅仅一次的可怕经历可能不足以消除恐惧，需要持续提供这种体验，才能帮助孩子克服恐惧感。虽然在没有强迫的情况下获得这些经验是最理想的，但如果放任恐惧情绪蔓延而无所作为，强迫可能是一种更有效的选择。

此外，我想强调的是，尽管这主要是关于我儿子的情况，但我想其他孩子也可能有类似的体验。克服恐惧不仅是一种令人愉悦的经历，而且能够极大地提升孩子的自信心。当他因为展现出勇气而受到表扬时，他会一整天都兴高采烈。长大后，胆小的孩子可能会因为被同龄人看不起而困扰，那时他们很难培养新的习惯。因此，我认为，尽早培养孩子在面对恐惧时的自我控制能力，尽快掌握必要的身体技能，是非常重要的，有时甚至需要采取一些较为极端的方法。

父母在教育孩子的过程中，往往在孩子长大之后才意识到自己的教育方式可能存在问题。因此，我希望通过分享我儿子的一个故事来阐明过度溺爱的危害。当他2岁半时，开始尝试独自在一个房间睡觉。他为自己从婴儿房中搬出来而感到自豪，起初能够整夜安睡。然而，在一个刮大风的夜晚，栅栏被吹倒，发出的巨响惊醒了他，他开始大哭。我立刻赶到他的房间，他紧紧地抱住我，我能感觉到他的心跳加速。不久后，他的恐惧消退了，但他抱怨房间太黑——尽管他之前一直是在黑暗中睡觉。我给了他一盏夜灯，但这并没有解决问题，他几乎每晚都要哭上一场，直到我们意识到他这样做是为了吸引大人的注意。我们严肃地告诉他，黑暗并不危险，并且只有在紧急情况下我们才会过来。他接受了这一点，之后除了偶尔的特殊情况，他再也没有在夜里哭泣。如果当初我们更加溺爱他，他可能就会长时间甚至一辈子都难以安睡。

我的个人经验分享到此为止。现在，我们需要更深入地探讨如何全面地帮助孩子克服恐惧。

孩子在成长过程中，同龄人往往是他们学习勇敢的最好榜样。如果一个孩子有兄弟姐妹，他们的言行会激励他，他会努力去做兄弟姐妹能够做到的事情。在学校里，身体上的怯懦往往会受到同龄人的轻视，这种态度在男孩中尤为明显。女孩也应该有同样的标准，她们的勇气不应受到性别的限制。幸运的是，现代社会不再要求女孩追求传统的“淑女形象”（lady-like），她们有更多的机会去发展自己的身体素质。尽管如此，女孩和男孩在这方面仍存在一些差异，我认为这种差异是不该存在的[①]。

当谈到勇敢时，我采用的是行为主义的定义：当一个人做了别人因恐惧而没有做的事情时，他就是勇敢的；如果他不感到恐惧，那就更好。有观点认为通过意志力来控制恐惧是真正勇敢，甚至是控制恐惧的最佳形式，但我不同意这种观点。现代道德教育的关键在于通过培养良好习惯来实现过去由自控和意志力所产生或试图产生的效果。基于意志力的勇敢可能导致精神上的混乱，这一点在“炮弹休克症”的案例中得到了证明，被压抑的恐惧会以内省无法识别的方式爆发出来。

---

① 这里参考了保罗·鲍斯菲尔德（Paul Bousfield）《性与文明》（*Sex and Civilization*）一书中的多处内容。——作者注

我并不是在否定自我控制的重要性，缺乏自控力的人很难维持稳定有序的生活。我的意思是，自我控制应该在遇到意外情况时发挥作用，因为教育并没有为这种情况提供一种提前应对的方法。试图让所有人都拥有战争所需的勇气，即便这有可能，那也是愚蠢的。这是一种非常特殊且暂时的需求，如果在年轻时培养了战壕中所需的习惯，那么其他所有教育都会受到阻碍。

已故的里弗斯[①]博士在《本能与无意识》（*Instinct and the Unconscious*）一书中，对恐惧进行了深刻的心理学分析。他认为，操控性的活动是接触危险的方式之一，那些能够正确使用这种方法的人不会或至少不会明显感受到恐惧。将恐惧逐渐转化为技能的过程是一种宝贵的经验，可以激发自尊和努力。即使是学习骑自行车这样简单的事情也能提供这种体验。在当今这个世界，机械化程度日益增长，这项技能变得尤为重要。

培养身体上的勇敢，关键在于学习那些需要操作或控制的技能，而非通过与他人的身体对抗来实现。在我

① 威廉·里弗斯（W.H.R.Rivers，1864—1922），英国人类学家、精神病学家，以其在“一战”期间研究和治疗“炮弹休克症”而闻名。

看来，相较于战争，爬山、操控飞机或在风暴中驾驶小船所需的勇气更值得尊敬。因此，我倾向于通过一些带有适度风险的技术性活动来训练小学生，而不是通过足球等运动。在这里，我们要战胜的对手是物品，而非人类。尽管我并不主张教条地应用这一原则，但我认为在体育运动中应当更多地关注这一点。

当然，身体上的勇敢也有其负面效应。例如，忍受痛苦而不发出声音，或在孩子遇到小病小灾时不过度同情他们，可以帮助他们学会忍耐。许多成年人的情绪问题，往往是由于对同情的过度渴望——他们可能会假装生病，以期获得安慰和关爱。鼓励孩子们在受伤时不哭泣，通常可以有效地遏制这种倾向。在这方面，幼儿园对女孩的教育仍然不如对男孩那么严格。溺爱女孩和溺爱男孩都是不可取的。如果女性希望与男性平等，她们就不能在那些严格要求美德的领域中落后。

现在，我想谈谈那些超越了纯粹身体层面的勇敢。这种勇敢更为重要，但除非它建立在更基本的勇敢之上，否则很难充分发展。

我们已经讨论过孩子们对奇怪事物的恐惧，我的看法是，这种恐惧是天生的，并且具有重大的历史意义。迷信大多源于这种恐惧，对于缺乏科学知识的人来说，日食、月食、地震、瘟疫等自然现象会引发极大的恐惧。这种恐惧对个人和社会都是极其危险的，因此需要在年轻时就被消除。消除它的最好方法就是通过科学解释。我们不需要解释所有看似神秘的现象：多次解释后，孩子们会认为其他情况也可以被解释。我们也可以告诉他们“目前还无法解释”。关键是让孩子们尽早理解：神秘感源于无知，而无知可以通过耐心和思考来克服。

值得注意的是，一旦恐惧被克服，那些原本因神秘而令人害怕的事物，反而会成为孩子们的快乐之源。因此，只要神秘不再助长迷信，它就可以成为学习的动力。例如，我儿子在3岁半时，曾独自在花园里研究水枪数小时，直到他弄清了水和空气交替进出的原理。即便是很小的孩子，也能通过适当的解释来理解日食和月食等现象。对于所有让孩子们好奇和恐惧的事物，我们都应该尽可能多地解释，这样恐惧就能转化为对科学的兴趣。这一过程顺应了人类的本能，同时也是人类历史的缩影。

在这一领域，还有一些棘手的问题需要巧妙处理。

最棘手的问题就是死亡。孩子很快就会发现植物和动物都会死亡，而在他6岁之前，他认识的某个人可能会去世。如果他思维敏捷，就会联想到父母也会死去，甚至他自己也会永远地沉睡。这些想法会引发许多需要谨慎回答的问题。对于那些相信死后没有生命的人来说，回答这些问题比那些有传统信仰的人要困难。如果你相信死后没有生命，就千万不要说任何违背自己意愿的话。最好的解释是，死亡是一种让人永远不会再醒来的睡眠。在谈论这些时，应保持轻松随意的态度，就像死亡是生活中常见的一部分一样。如果孩子担心自己会死，就告诉他这种情况在很长一段时间内都不会发生。

在孩子成长的早期阶段，试图让他们接受斯多葛学派[①]那种轻视死亡的观念是徒劳的。不要主动提起死亡的话题，但如果孩子提出疑问，我们也不应当回避。尽你最大的努力让孩子理解死亡并不神秘，只要孩子身心健康，这些方法就足以消除忧虑。无论孩子的年龄大

① 斯多葛学派，由古希腊哲学家（季蒂昂的）芝诺（Zeno of Citium，约前336—约前264）于公元前300年左右在雅典创立，是一种唯心主义哲学学派，主张世界是由理性决定事物的发展变化，自然界的一切发展变化都是有规律的、符合理性的，疾病和死亡等现象只是遵循不变的自然法则。

小，我们都应该以开放和真诚的态度与他们交流，告诉他们我们所相信的，并传达出一种死亡是不值得过多思考的态度。无论是大人还是孩子，过度沉溺于对死亡的思考都是无益的。

除了对特定事物的恐惧，孩子还容易产生某种弥漫性的焦虑。这往往是由于过于严格的管教所引起的，幸运的是，随着时间的推移，这种现象已经变得不那么普遍。过度的唠叨、禁止喧哗以及频繁的指责，这些都可能使孩子的童年变得痛苦。记得在我5岁时，有人告诉我童年是我一生中最快乐的时光（那时这就是一个天大的谎言）。我因此而感到悲伤，甚至宁愿死去，完全不知道自己要怎样度过未来的悲惨岁月。难以想象，现在还有人会对孩子说这样的话。

儿童的生活本质上是面向未来的，它总是指向将来要完成的事情，这是激励儿童努力的一种动力。让孩子开始怀旧，将未来描绘得比过去更糟糕，这从根本上破坏了孩子的生活。然而，过去有些多愁善感的人就是这样做的，他们与孩子们大肆谈论童年的幸福。幸运的是，这种影响并没有持续太久。我相信，成年人大多数时候是快乐的，因为他们不需要上课，可以选择自己爱吃的食物。这样的信念是健康的，能够鼓舞人心。

害羞是一种令人烦恼的胆怯，在英国、中国和美国的部分地区很常见，但在其他地方则较少见。害羞部分是因为缺乏与陌生人的接触，部分是因为过分遵守社交礼仪。如果可能的话，应该让孩子在1岁后就开始习惯见到并和陌生人相处。就礼仪教育而言，一开始只需要教授最基本的规则，使他们不会令人难以忍受。与其期望他们总是待在家里，不如让他们有短暂的时间自由地与陌生人见面，然后再带他们回来。

当孩子超过2岁时，最好教他们每天花一些时间，用绘画、黏土、蒙台梭利教具或其他东西来静静地自娱自乐。总会有合理的理由让他们保持安静，不应该用抽象的方式教授礼仪，除非这种教授可以作为一个有趣的游戏来进行。然而，当孩子开始懂事时，他们应该意识到父母也有自己的权利；他必须给予他人自由，这样他自己才能享受到最大限度的自由。孩子们很容易理解公平的概念，别人给他们什么，他们也愿意给别人什么，这是礼貌的核心。

最重要的是，倘若你想消除孩子的恐惧，你自己必须无所畏惧。如果你害怕雷电，当孩子第一次在你面前听到雷声时，可能会感染到你的恐惧。如果你对社会变革感到恐惧，孩子会更加害怕，因为他不明白你在说什么。如果你害怕生病，孩子也会如此。人生充满了危险，聪明的人不会在意那些无法避免的危险，而是谨慎冷静地处理那些可以避免的危险。你无法避免死亡，但你可以避免在没有遗嘱的情况下死亡。因此，立下遗嘱，然后忘记死亡这件事。理性的防备和恐惧是完全不同的，理性的防备是智慧的一部分，而恐惧往往是非理性的。如果你无法避免恐惧，至少尽量不要在孩子面前表现出来。最重要的是让他们拥有广阔的视野和广泛的兴趣，这样当他们在未来遇到挑战时，就不至于只能叹息。只有这样，你才能让他成为在广阔世界中自由探索的公民。

第3章

如何通过游戏和想象进行教育

养育的基本

无论是人类还是其他动物，在幼年时期都有一个显著的共同点，那就是对玩耍的喜爱。对于孩子们来说，这种爱好与假装（pretence）带来的无限乐趣紧密相连。童年时期有两个基本需求是不可或缺的：玩耍和假装。为了让孩子们快乐、健康地成长，必须为他们提供进行这些活动的机会。此外，这些活动还带来了其他的好处。在教育领域，有两个相关的问题需要考虑：家长和学校如何提供这些机会？他们还能做些什么来提升游戏在教育中的价值？

让我们先来探讨一下游戏的心理学。谷鲁斯对此进行了深入的讨论，而威廉·斯特恩在他的书中也提供了更为精练的分析。游戏涉及两个不同的问题：首先，游戏是由哪些内在冲动驱动的？其次，游戏在生物学上的功能是什么？

第二个问题相对好回答。普遍的观点是，所有物种在幼年阶段都会通过游戏预演和练习他们在未来需要认真进行的活动，这一点是无可争议的。例如，小狗的游戏行为与成年狗的打斗行为非常相似，只是不会真的互相撕咬；小猫的游戏则模仿成年猫捕捉老鼠的行为。孩子们喜欢模仿他们所见到的所有工作，如建筑或挖掘。他们越是看到某项工作的重要性，就越是喜欢模仿。他们还喜欢所有能够增强他们肌肉能力的运动，如跳跃、攀爬或在狭窄的木板上行走——只要这些运动的难度适中。尽管这种理论大致解释了游戏冲动的功能，但它并没有涵盖所有表现形式，也不能被视为一种完整的心理学分析。

一些精神分析学家试图在儿童游戏中寻找性符号，但我认为这完全是无稽之谈。童年的主要本能冲动并非性冲动，而是长大成人的欲望，更准确地说，是权力意志[①]。孩子们深切地感受到自己与成年人相比的弱小，因此他们渴望变得强大。记得当我的儿子得知他将来会长大，而我也曾经是个孩子时，他非常高兴。这表明，一旦意识到成功的可能性，就会激发他们努力的动力。正如模仿行为所显示的，孩子们从小就渴望做成年人能

① 《紧张的孩子》(*The Nervous Child*), Dr. H.C.Cameron, 3rd ed, Oxford, 1924: 32. ——作者注

做的事情。哥哥和姐姐对孩子们来说非常有益处，因为他们的目标容易理解，他们的能力也不像成年人那样遥不可及。孩子们的自卑感很强，如果他们正常成长并接受适当的教育，这种自卑感可以激发他们努力；但如果他们受到压抑，这种自卑感可能会成为问题。

在游戏中有两种权力意志：一种体现在学习做事上，另一种则体现在想象上。正如成年人在遇到挫折时可能会沉迷于性幻想一样，正常的孩子也会沉迷于带有权力意味的假装。他们喜欢假装成巨人、狮子或火车，通过这种假装来激发他人的敬畏之情。

当我给儿子讲《杰克与巨人》[①]的故事时，我试图让他把自己想象成英勇的杰克，但他坚决地选择了成为巨人。当他的母亲给他讲《蓝胡子》[②]的故事时，他坚持要扮演蓝胡子，并认为蓝胡子的妻子因为反抗理应受到惩罚。在他的游戏中，甚至出现了斩首妇女的血腥场景。弗洛伊德主义者可能会将此解释为性虐待倾向，但

---

① 《杰克与巨人》（*Jack the Giant Killer*），英国童话，讲述了年轻英雄杰克用魔豆的力量打败巨人，从此过上幸福生活的故事。

② 《蓝胡子》（*Bluebeard*），法国童话，讲述了一个女孩嫁给蓝胡子，发现丈夫曾残忍杀害几任前妻的秘密，最终女孩被拯救的故事。

他同样喜欢假装成吃孩子的巨人或能拉动重物的火车。在这些假装游戏中，共同的元素是对权力的追求，而非性。有一次，我们散步回来，我开玩笑说可能会有一个蒂德利温克斯先生[①]占据了我们的房子，不让我们进去，这显然是个玩笑，但在那之后，我儿子经常站在门口，假装自己是蒂德利温克斯先生，命令我去别的房子。他非常喜欢这种游戏，显然很享受假装掌握权力的感觉。

然而，如果我们认为权力意志是孩子游戏的唯一动力，那就过于简化了。孩子们也喜欢假装感到恐惧，这可能是因为他们知道这一切都是假的，从而增强了安全感。有时我会假装成鳄鱼，试图吃掉儿子，他的尖叫听起来非常真实，以至于我停下来，以为他真的害怕了。但当我停下来时，他会说："爸爸，再假装一次鳄鱼吧。"许多假装的乐趣仅仅是表演的快乐，就像成年人喜欢小说和戏剧一样。我认为所有这些活动都包含了好奇心的成分：通过扮演熊，孩子感觉自己似乎了解了熊。我相信，孩子生活中的每一种强烈冲动都会在他们

① 蒂德利温克斯（Tiddliewinks），一种弹塑料圆片游戏的名称。

的游戏中得到反映。只有当权力因素在孩子的欲望中占据主导地位时，孩子才会在游戏中寻求主导。

当谈到游戏对于教育的贡献时，人们普遍赞赏那些旨在教授新技能的游戏，然而对于角色扮演类游戏，许多现代人持有怀疑态度。在成人世界里，幻想往往被看作一种逃避现实的行为。但我认为，这种对幻想的负面看法对儿童的想象力发展是有害的，这是一种严重的误解。

在蒙台梭利教育体系中，教师们不鼓励孩子们将教具想象成火车或轮船，认为这是“混乱的想象”。这种看法是正确的，因为孩子们并不是真的在玩游戏，尽管在他们看来，这似乎和游戏无异。教具虽然可以用于娱乐，但其设计初衷是教学，而娱乐只是教育的一种手段。然而，如果将反对“混乱的想象”的态度应用到真正的游戏中，就显得不合时宜了。禁止向孩子们讲述仙女、巨人、女巫或魔毯等虚构元素，这样的规定也显得过于严苛。我不同意那些极端的禁欲主义者，同样也不支持在真理上的禁欲主义。人们常说孩子们无法区分现实与虚构，但我找不到任何证据来支持这一观点。我们知道哈姆雷特是一个虚构的角色，但当我们欣赏这部戏剧时，如果有人不断提醒我们这一点，我们会感到非常烦恼。不恰当地强调现实，同样会影响孩子们的兴趣，他们不会被自己的想象力所蒙蔽。

真理和想象都是重要的，但在个人和人类的历史中，想象总是先于真理出现。一旦孩子的基本物质需求得到满足，他们就会认为游戏比现实更加有趣。在游戏中，他们是至高无上的统治者，比世界上所有的皇帝都更有权力。而在现实生活中，他们必须遵守许多令人烦恼的规则，如按时上床睡觉。如果成年人鲁莽地闯入他们精心构建的场景，孩子们会感到愤怒。当他们建造了一道连最高大的巨人都无法越过的高墙，而你却轻易地跨过它时，他们会感到愤怒，就像罗穆路斯对雷穆斯那样①。

既然孩子们天生比成年人弱小是正常的，那么他们通过幻想来弥补这种不足也是正常的。游戏不会妨碍他们参与其他可能更有益的活动；相反，如果孩子们把所有时间都花在严肃的事情上，他们的精神健康很快就会

---

① 罗穆路斯（Romulus）和雷穆斯（Remus）是罗马神话中战神玛尔斯和女祭司雷亚·西尔维亚的孪生儿子，两人下定决心要建筑一座城市（也就是后来的罗马），罗穆路斯犁出一条深沟作为城墙的边界，雷穆斯却跳过沟渠表示嘲讽，最终雷穆斯被罗穆路斯杀死。

受到影响。虽然我们可以激励一个充满梦想的成年人为实现梦想而努力，但孩子们还无法实现他们本应拥有的梦想。他们不会一直将想象与现实混淆。实际上，他们渴望在适当的时候，让想象变为现实。

将现实与事实混为一谈是一种严重的误区。我们的存在不仅被事实塑造，同样也被希望所引导。过分强调事实而忽略其他真实维度，无疑是对人类精神自由的限制。只有当梦想被用作逃避现实和取代实际行动的手段时，才应当受到批评。当梦想成为推动力时，它们是实现人类理想的关键目标。压制儿童时期的想象力，等同于让孩子成为现实的奴隶，如同将动物束缚于地面，剥夺了他们创造美好生活的可能性。

你可能会质疑，这些观点与童话中的巨人或蓝胡子有何关联？这些虚构的角色如何能在我们的现实生活里发挥作用？想象力难道不应该在经过净化和提升之后，才能服务于所有美好的目标吗？作为一个和平主义者，你如何能够容忍自己天真的孩子对暴力行为产生兴趣？面对“人类应该摒弃的野蛮本能所带来的乐趣是正当的”这一观点，你又将如何辩解？读者们无疑会有诸多疑问。鉴于这些问题的重要性，我将尝试阐述为何我持有这些独特的观点。

教育往往在于培养本能，而非抑制本能。人类的本能往往是复杂而多面的，满足它的方式多种多样。对于大多数本能来说，需要通过学习特定技能来实现。例如，板球和棒球虽然满足相同的本能，但孩子只能玩他们所学过的那种。因此，与品性相关的教育秘诀在于，为人们提供一种技能，以引导他们有效地发挥自己的本能。

童年时期，孩子们通过扮演如蓝胡子这样的角色来满足权力的本能。然而，随着成长，他们可以在科学探索、艺术创作、教育和培养优秀儿童等更高级的活动中找到满足。如果一个人只知道战斗，他的权力意志可能会使他倾向于战争。但如果他掌握了其他技能，就能通过其他途径获得满足。如果他的权力意志在童年就被扼杀，他可能会变得无精打采、无所作为，成为“上帝和上帝的敌人都讨厌”①的人。我们不需要这样的“好人”，也不应该努力将孩子培养成这样的人。

当孩子们还小，不太可能伤害他人时，他们想象自己过着古代野蛮祖先的生活，这是一种自然的行为。只

① “上帝和上帝的敌人都讨厌”（a Dio spiacenteed a'nemici sui），这种说法源于意大利诗人但丁的《神曲·地狱篇》第3章。

要你能提供给他们获得更高级满足感所需的知识和技能，就不必担心他们会停留在这一阶段。我小时候喜欢翻跟头，现在我不再这样做了，但我并不认为这有什么不妥。同样，喜欢扮演蓝胡子的孩子也会随着时间的推移放弃这种爱好，转而寻求其他形式的权力。如果他们的想象力在童年时期得到适当的刺激和培养，那么在成年后，这份想象力就更有可能以成熟的方式继续活跃。在孩子们还不需要道德约束且道德观念尚未引起他们共鸣的阶段，强行灌输道德观念是无效的。这只会招致反感，使他们在需要这些价值观的年龄段对它们漠不关心。这强调了儿童心理学研究在教育中的重要性。

儿童早期的游戏与后期的游戏的主要区别在于，后期游戏的竞争性逐渐增强。起初，孩子们倾向于独自玩耍，婴儿很难加入兄弟姐妹的游戏中。然而，与独自玩耍相比，集体游戏更加有趣，因此一旦孩子们能够一起玩耍，独自玩耍很快就会变得乏味。英国上流社会的教育一直非常重视学校中游戏的道德意义。虽然我认同游戏具有重要的价值，但我认为英国人对游戏的传统看法有些夸大其词。

游戏在不过度专业化的前提下，对健康是有益的。

如果游戏仅仅聚焦于特殊技能，那么顶尖玩家会争着展示自己的技能，而其他人则可能被迫成为旁观者。游戏教会孩子们将痛苦视为常态，将疲惫看作乐趣。然而，关于游戏的其他所谓好处，在我看来，很多都是夸大其词。人们常说游戏能够培养合作精神，但实际上，游戏更多的是在教授以竞争为基础的合作，这种合作在战争中可能是必需的，但在工业生产或日常社会交往中并非必要。在经济和国际政治中，科学和技术的发展已经使得合作取代竞争成为可能，同时，科学也使得战争形式的竞争变得更加危险。因此，更重要的是培养人们追求与自然对抗的合作型事业，而不是人类之间胜者为王、败者为寇的竞争型事业。

我并不打算过分强调这一观点，因为竞争是人类天性的一部分，人们需要有机会展示自己。然而，除了游戏和体育比赛，很少有无害的竞争。这不足以成为取消游戏的理由，但同样不足以将游戏作为学校课程的重点。孩子们玩耍是因为他们享受这个过程，而不是因为国家认为游戏可以消除日本人所说的“危险思想”①。

① “危险思想”指日本在大正时代（1912—1926）以“思想指导运动”的名义推行的军国主义教育，其学习内容包括“意识形态问题”。

在前一章中，我探讨了克服恐惧和培养勇气的重要性，但勇气不应与野蛮混为一谈。野蛮是将自己的意志强加于人并以此为乐，而勇气是在面对危险时不计个人安危。如果条件允许，我会教导孩子们在汹涌的海浪中驾驶小船、从高处跳水、驾驶汽车甚至飞机。我会像奥多的桑德森[①]一样，教他们如何制造机器，进行科学实验。在游戏中，我将尽我所能将自然作为对手。和板球或足球技能相比，通过这种方式获得的技能和品性，比单纯的体育技能更有益，这也更符合社会道德。

提倡体育往往意味着对理性的轻视。英国的工业地位正在丧失，所有这些都与对体育的过度推崇不无关系。当然，更深层次的原因在于，我们相信年轻人的体育成就可以衡量他们的价值，这反映出我们普遍缺乏利用知识和思想来控制复杂现代世界的认识。我将在后续讨论这个问题，这里不再赘述。

学校的游戏活动不仅是一种娱乐，可以有效培养团队精神。尽管这种精神常被推崇，但我认为它并非总是

① 奥多的桑德森（Sanderson of Oundle），指弗雷德里克·威廉·桑德森（Frederick William Sanderson，1857—1922），他在1892年至1922年担任英国奥多中学的校长，大力提倡科学和工程教育。

有益的。当权者倾向于利用团队精神来推动人们以不良动机去完成看似好事的事情。通过激发人们超越他人的欲望，可以轻易地促使他们付出努力，但团队精神难以激发那些从事非竞争性活动的人的动力。

竞争性动机在我们的各种活动中无处不在，其影响之深远令人惊讶。例如，要说服一个城市增加有关儿童保育的公共服务，就必须指出邻近某市的婴儿死亡率更低；要让制造商接受一种更先进的工艺，你必须提醒他们缺乏竞争力可能带来的风险；甚至在军事领域，尽管战败的威胁巨大，但要让陆军部相信高级指挥官需要掌握一些军事知识也是困难的，因为军队内部的“绅士传统”根深蒂固[①]。

目前，我们缺乏有效的激励机制来促使人们为了建设本身而努力，或者在没有人受到损害的情况下也能高效地工作。与经济体系相比，学校的游戏活动在这方面的影响更为直接。学校的游戏活动目前更多地体现了竞争精神，如果要将其转变为合作精神，就需要对这些活动进行相应的调整。不过，详细讨论这一问题可能会使

① 《秘密军团》(*The Secret Corps*), Captain Ferdinand Tuohy, Chap.VI, Murray, 1920.——作者注

我们偏离主题。我考虑的不是建设美好的国家，而是如何在现有的国家环境下，尽可能地培养出美好的个体。虽然个人进步与社会进步应当并行不悖，但在教育领域，我更倾向于关注个人的表现。

第 4 章 /

如何通过建设体验培养孩子的美德

养育的
基本

在讨论游戏的部分，我顺便提到了本章的主题，现在让我们更深入地探讨这个话题。

我们知道，孩子们天生的渴望是模糊不清的，这些渴望可以通过教育和环境的影响被引导到多种不同的方向。我认为传统的原罪观和卢梭的性善论都与现实不符，因为人的天性在道德上是中立的，环境既可以促使它向善发展，也可以使其向恶转变。面对这种情况，我们有理由保持一种理性的乐观态度。除了病态的情况，大多数人的天性最初都倾向于向善。只要在儿童早期阶段给予适当的心理和生理关怀，就可以将病态的情况限制在最小范围内。适当的教育可以让人顺应天性生活，但这种天性是经过培养和塑造的，是一种经过训练的技能，它能够提供特定的满足感，而不是未经雕琢的原始冲动。掌握正确技能的人会变得高尚，而掌握错误技能或缺乏技能的人则会变得低劣。

这些普遍的观点尤其适用于对权力的渴望。我们都希望取得成就，但与对权力的追求相比，我们对成就的具体内容并不那么在意。一般来说，越难实现的成就带给我们的快乐越多。人们喜欢使用蝇类捕鱼[①]，因为这种方法更具挑战性；而对正在孵卵的鸟进行射击，人们则不屑一顾。

我举这些例子是因为它们通常被视为纯粹的娱乐活动，没有其他动机。但同样的原理也适用于其他方面。当我学会了欧式几何后，我对算术的兴趣就减少了；当我学会了解析几何后，我对欧式几何的兴趣也减少了。孩子们最初对走路感到快乐，然后是跑步，接着是跳跃和攀爬。一旦掌握了某项技能，它就不再带给我们权力感，只有新学的技能或尚未掌握的技能才能让我们感受成功的喜悦，这也是为什么无论学习什么技能，权力意志都能不断适应的原因。

建设和破坏能满足权力意志，但建设通常更困难，因此在建设中取得成功时，人们会感到更大的满足。我不打算严格定义建设和破坏，但一般来说，当我们对某个系统感兴趣时，增强该系统的潜力就是建设，削弱该

---

① 用蝇类捕鱼，指利用仿生诱饵模仿苍蝇、蚊子、蜻蜓等有翼昆虫掉入水中的场景，以捕捉凶猛的食肉鱼类，这种捕鱼方法要求渔民具备精湛的技术。

系统的潜力就是破坏。从心理学的角度来看，建设是创造预期的结构，而破坏是通过释放自然力量改变现有结构，并对新形成的结构不感兴趣。无论如何定义这些概念，我们通常都能识别出某项活动是建设性的还是破坏性的，除非有人声称破坏是为了重建，而我们无法验证其真实意图。

因为破坏相对容易，孩子们的游戏通常从破坏开始，然后逐渐过渡到建设阶段。在海滩上，孩子们喜欢让大人用桶做出布丁形状的沙堆，然后将其铲平；但当他们能够自己建造沙堆时，就会乐此不疲地去搭建，并且不允许别人破坏他们的成果。当一个孩子第一次玩积木时，他喜欢推倒兄弟姐妹搭建的积木塔；但当他学会如何搭积木后，他会对自己的作品感到自豪，无法容忍自己的建筑成就被摧毁。在这两个阶段中，孩子们对游戏的热爱是相同的，但随着新技能的掌握，他们的行为也会随之改变。

许多美德是从对建设的快乐体验开始的。当孩子请求你保留他建造的成果时，这是一个教他尊重他人劳动成果的好机会。通过这种方式，你可以让他理解，尊重他人的劳动成果是社会和谐的重要基础。同时，鼓励孩子保持耐心、坚持和仔细观察，这些品质对于他们将积木塔建造到理想高度至关重要。在与孩子互动时，可以激发他们的主动性并清晰地示范正确的方法，而具体的建设工作应留给他们自己完成。

当孩子进入花园时，可以趁机将一种更复杂的建筑形式教给他。初次进入花园的孩子往往会被美丽的花朵吸引，忍不住想要摘花。仅仅禁止这种行为是不够的。成年人爱护花园，因为他们知道创造美丽景观需要付出多少努力，因此不会随意采摘，我们希望孩子们也能有同样的爱护之心。当孩子3岁时，可以分配花园的一个小角落给他，鼓励他在里面播种。当种子生长并开花时，他会意识到自己种植的花是多么珍贵和美丽，接着他就会明白自己对母亲种的花也应该好好照顾。

培养对建设和爱护生命的兴趣，是防止无意中残忍行为的最佳方法。许多孩子在成长过程中会有杀死昆虫甚至动物的冲动，这种冲动如果不加以引导，可能会发展成更严重的行为。在英国上层阶级家庭中，射杀鸟类被视为一种荣耀，而在战争中杀人的军人则被看作英雄，这种观念与未经教育的本能相一致。

缺乏建设性技能的人往往无法正确表达他们的权力

意志，因而可能会表现出破坏性的行为。他们可能会杀死野鸡、欺负农户，甚至在某些情况下射杀犀牛或敌人，但他们缺乏更有用的技能，因为他们的父母和老师认为他们只需要成为绅士就够了。

我不认为这些孩子天生就比其他孩子笨，他们后来生活中的缺陷完全是由于不良的教育造成的。如果从小就教导孩子用爱去观察生命的历程，让他感受到生命的价值；如果孩子学会了各种建设性技能；如果孩子被教导辛勤努力的成果是多么容易被摧毁，因此学会敬畏——如果早期道德教育包括这些内容，他就不太可能无顾忌地摧毁他人辛苦创造或珍视的东西。成年人的生活中需要自己的本能得到充分激发，而亲子关系在这方面具有重要的教育意义，但这种关系在富人身上很少见，因为他们常常将孩子托付给专业人士照顾。因此，必须在孩子长大成为父母之前就开始消除他们的破坏倾向。

所有雇用过无知女佣的作家都知道，她们可能会用作家的手稿生火，而且很难阻止她们这么做。作家的同行，即便是充满嫉妒的敌人，也不会做出这样的行为，因为他深知手稿的价值。同样，有自己花园的孩子也不会践踏别人的花坛。可以通过让孩子养宠物来教他学会尊重动物的生命。所有照顾过孩子的人都知道尊重人的生命，父母对孩子的爱正是从对孩子的付出中产生的。那些逃避这种辛劳的人，他们的父母本能可能会有所退化，留下的只是一种责任感。充分发挥了建设性作用的父母更有可能为子女操劳，因此这方面的教育也值得关注。

当讨论建设性时，我不仅关注物质建设，也关注包括需要团队协作的非物质建设，如表演和合唱。这些活动吸引了许多孩子和年轻人，应当被鼓励，但不应强迫他们参与。即便是在理性思考的领域，也存在建设与破坏的区别。传统教育往往过于批判，强调避免错误并轻视犯错者。这种做法通常会导致对权威的盲目崇拜，抑制创新精神。例如，一旦确定了正确的拉丁语，它就被永久地固定下来，那就是维吉尔①和西塞罗所使用的拉丁语。

科学知识在不断进步，这为有才华的年轻人提供了

① 维吉尔（Publius Vergilius Maro，前70—前19），古罗马诗人，著有《牧歌》《农事诗》《埃涅阿斯纪》等。《埃涅阿斯纪》长达十二卷，被认为是代表了罗马帝国文学的最高成就。

做出一番成就的机会。与学习古典语言相比，科学教育可能更能培养建设性的态度。如果教育仅仅以避免错误为目标，可能会培养出一些理智上冷漠的人。相反，我们应该鼓励所有有能力的年轻人大胆地利用知识进行探索。高等教育常被看作一系列规则，似乎遵守这些规则就能避免不当行为，但这种教育忽略了建设性的重要性。结果往往是培养出一些谨慎、保守且吝啬的人。为了避免这种情况，教育应该以积极的成就为目标。

在教育的后期阶段，应该重视社会化建设。这意味着鼓励聪明的学生发挥他们的想象力，思考如何更有效地利用现有的社会资源或创造新的资源。许多人读过柏拉图的《理想国》，但很难将其理念与现实社会联系起来。当我指出1920年的俄罗斯几乎重现了《理想国》中的理想时，无论是柏拉图主义者还是布尔什维克①都会感到震惊。人们在阅读文学名著时，通常不会质疑作者为什么要描述布朗、琼斯或鲁滨逊②的生活。乌托邦

① 布尔什维克（Bolsheviks），俄语中意为“多数派”，指列宁创建的苏联共产党。

② 布朗（Brown）是休斯的小说《汤姆·布朗的求学时代》的主人公。琼斯（Jones）是亨利·菲尔丁（Henry Fielding）的小说《弃儿汤姆·琼斯的历史》的主人公。鲁滨逊（Robinson）是笛福（Daniel Defoe）的小说《鲁滨逊漂流记》的主人公。

小说[①]之所以容易阅读，是因为作者没有告诉我们如何将现实社会转变为乌托邦。

在这些问题上，关键在于必须具备准确判断下一步行动的能力。19世纪的英国自由主义者在这方面表现出色，尽管他们可能会对自己行为的最终结果感到惊讶。通常，无意识中支配人们思想的意象在很大程度上决定了很多事情。

构想社会制度的方式多种多样，其中最常见的有模具式、机器式和树木式。

第一种模具式的社会观是静态的。比如，斯巴达社会和传统中国社会中，人性被注入预先准备好的模具，铸造成预先定好的形状。所有严格的道德或社会习俗都在一定程度上融入了这种观念，思想受到这些意象影响的人会形成一种僵化、顽固、严厉和强硬的政治观。

第二种把社会视为机器的人们则更现代化，工业家和共产主义者都属于这一类。对他们来说，人性是无聊

① 乌托邦，指人类所想象的最美好的社会，乌托邦小说就是描述理想的政治状况和生活方式的小说。16—17世纪，西方开始兴起乌托邦小说，代表作品有英国作家莫尔（Thomas More）的《乌托邦》、意大利作家康帕内拉（Tommas Campanella）的《太阳城》以及德国作家安德里亚（Johann Andreae）的《基督城》等。

的，人生的目标是生产最大化。社会组织是为了实现这些简单的目标而创建的。但这种简化往往忽视了大众的多样化需求和兴趣，导致组织者不得不回归到模具式的社会，以期塑造出符合他们期望的人，而这又会引发革命的产生。

第三种把社会制度想象成树木的人有着独特的政治观。机器一旦损坏可以轻易被替换，但树木如果被砍断，重新长成繁茂的大树则需要漫长的时间。机器或模具的样式取决于对制造商的选择，而树木遵循自然的生长规律，人们只能通过适当的培育使之成为有用之材或无益之木。适用于生物的建设性与适用于机器的建设性大不相同，生物具有复杂的生命特征，需要悉心照料。因此，在教育中，孩子们不仅需要通过积木和机械来学习建设，还应该有机会通过植物和动物来练习。

自牛顿时代以来，物理学便深刻地塑造了我们的认知；工业革命后更是影响了我们的实践，形成了一种机械论的社会观。尽管生物进化论提出了新的观点，但自然淘汰的概念又给这些观点蒙上了阴影。我们应该通过优生、节育和教育来努力，避免人类事务被自然淘汰。

尽管树木式社会观在某些方面优于模具式和机器式

社会观，但它也有其局限性。为了克服这些局限性，我们需要更多地关注心理学。心理建设是一种新兴的、特殊的建设，目前我们对它的理解还相当有限。它对于建立正确的教育、政治和所有纯粹人类事务的理论至关重要。它还应该引导人们的想象，避免他们被错误的类比误导。有些人害怕人类事务中的建设性，因为他们担心建设性会是机械式的，因此他们倾向于无政府主义①，主张回归原始的生活方式。

在本书中，我尝试通过具体的例子来阐明心理建设与机器制造的区别。这种观念的富有想象力的一面应该在高等教育中得到普及。如果能够实现这一点，我相信我们的政治将不再僵化、严厉且具有破坏性，而是变得更加灵活和科学，以培养杰出人才为目标。

---

① 无政府主义（anarchism），反对包括政府在内的一切统治和权威，推崇个体的自由和平等。

第 5 章

如何培养孩子的财产观念

养育的基本

当前要讨论的问题与恐惧问题类似，它关注一种强烈的冲动，这种冲动部分源自本能，并且在很多情况下并不受欢迎。在处理这类情况时，我们必须牢记，不应妨碍孩子的自然发展。忽视或错误地判断孩子的天性都是无效的。我们应该完全接受孩子的自然倾向，避免用不适用于他们的方法来对待他们。

自私并非一个终极的伦理概念，我们越是分析这个概念，这个概念就越模糊。然而，作为一种孩子表现出来的现象，它不仅非常明确，还呈现了一些需要解决的问题。如果不加以引导，年长的孩子就会拿走弟弟妹妹的玩具，要求得到成人的偏爱，并且总是自私自利，不顾及弟弟妹妹的感受。人的自我就像气体，如果没有外部约束，就会不断膨胀。教育的任务是培养孩子内心的习惯、观念和同情心，形成一种约束力量，而不是通过责骂、殴打、惩罚来施加外部压力。孩子们需要培养的是公平的理念，而不是自我牺牲的精神。

每个人都有权在世界上获得自己应得的份额，维护自己的权益并不是一件可耻的事情。当人们提倡自我牺牲时，他们似乎认为没有人会完全实践自我牺牲，而且自我牺牲会带来恰到好处的结果。但实际上，人们要么忽视这方面的培养，要么在要求最基本的公平时感到内疚，要么做出极端的自我牺牲。在最后一种情况下，他们可能会对为之牺牲的人产生怨恨，自私也可能因为期待得到感激而悄然回归。无论如何，自我牺牲不可能成为一个真正的原则，因为它不能被普遍化。最糟糕的是教导人们通过说谎来获得美德，因为一旦谎言被揭穿，所谓的美德也会随之消失。相反，公平可以被普遍化。因此，我们应该努力将公平的理念灌输进孩子的思想和习惯。

虽然不是不可能，但一个孤立独处的孩子很难学会公平。成年人的需求和欲望与孩子的完全不同，成年人没有想象力方面的需求，基本上从未听说有成年人为了追求完全相同的乐趣而直接去和孩子相互竞争。此外，由于成年人的地位可以迫使孩子服从自己的要求，成年人很难成为一个公正的裁判。

的确，成年人可以制定明确的规则，并不断强调各种合理要求，例如，不要在母亲洗衣服时打扰她，不要在父亲忙碌时制造噪声，客人来访时不要打扰……但这些规则对孩子来说大都很难理解。

只要我们以恰当的方式对待和安抚孩子，他们通常愿意遵守命令，但这些命令并不是通过让孩子自己判断什么合理来实现的。实际上，让孩子遵守这些规则是很顺理成章的，因为他们不被允许成为一个专横的小暴君，他们必须明白别人有自己的追求，无论这些追求看起来多么奇怪。然而，这种方法只能带来表面的礼貌，真正公平的教育只能在其他孩子在场的情况下进行，这也是孩子不应该长时间独处的原因之一。只有一个孩子的父母应该尽最大努力帮助孩子找到玩伴，如果别无选择，即使经常带孩子外出也是值得的。

孤独的孩子一定会很压抑或以自我为中心，有时甚至两者兼具。过分顺从的孩子让人同情，而那些反叛的孩子则让人反感。在当今小家庭盛行的社会背景下，这一问题显得尤为突出。提倡建立幼儿园便是应对策略之一，我将在后续章节中进一步阐述。这里，让我们假定家庭中至少有两个孩子，他们的年龄相近，兴趣也大致相同。

在像骑独轮车这样只能有一个人享受乐趣且需要竞争的场合，孩子们很快就能理解公平的概念。尽管他们内心可能渴望独自享乐，但当成年人规定必须轮流进行以后，这种冲动就会立刻被抑制。我并不认为公平感是天生的，但对其形成速度感到惊讶。这种公平必须是真诚的，不能有丝毫偏袒。如果你对某个孩子有特别的偏爱，就应该避免这种情感影响到你分配玩具的决定。玩具面前人人平等，这是一条普遍接受的原则。

任何试图通过道德说教来压制对公平的追求的行为都是徒劳的。分配给孩子的不应超过他们应得的份额，也不应少于他们应得的。《费尔柴尔德家族》（*The Fairchild Family*）一书中有章节讨论了“内心隐藏的邪恶”，并建议避免这种做法。露西自认为表现良好，但她的母亲告诉她，即使行为无可挑剔，她的想法也可能是错误的。

费尔柴尔德夫人给了露西一个小册子，让她记录自己表面良好但内心糟糕的事情。早餐时，露西的父母给了妹妹一条缎带，给了弟弟一颗樱桃，但露西什么也没得到。她在小册子中写道，她当时产生了一个糟糕的想法，认为父母更偏爱弟弟妹妹。她被教导要通过道德自律来控制这种念头，但这只会埋下隐患。正确的做法是让她表达自己的感受。为了消除她的疑虑，父母要么也给她一份礼物，要么给她一个合理的解释，告诉她因为礼物已经发完了，她需要等到下次。真诚和坦率的教育方式比道德自律更有效。开诚布公的教育方式能够轻松达到教育目的，相反，依靠道德自律来压抑孩子只会导致问题加剧。

财产意识与公平观念紧密相连，处理这一问题需要根据实际情况而灵活应对，没有一成不变的解决方案。人们在这个问题上的看法往往因相互矛盾的考虑而发生分歧。一方面，对财产的过度追求可能会带来严重的负面后果；另一方面，对失去物质财富的担忧也是导致政治和经济不稳定的关键因素之一。理想的情况是，人们追求幸福和创造财富的方式不受私有财产的限制，而不是仅仅固守已有的财产。因此，如果可能的话，培养孩子的财产意识可能不是明智之举。然而，在采纳这种观点之前，我们也应该考虑到反对意见，它们同样有充分的支持理由，忽视这些理由可能会带来风险。

孩子从小就表现出对财产的强烈意识，这从他们能够用手抓住看到的物品（也就是说有了手眼协调的能力）时就开始了。无论抓住什么，他们都会认为那是自己的。如果东西被拿走，他们会感到愤怒。我们至今仍然将财产称为“持有物”（holding），而“生计”（maintenance）则是指“拿在手中”（holding in the hand），这表明财产和抓取之间有着原始的联系，“贪婪”（grasping）这个词也是如此。

没有自己玩具的孩子会捡起棍子、破旧的积木或任何他能找到的小物件，把它们当作宝贝。对财产的渴望根植得如此深，试图抑制它可能会带来危险。此外，财产意识还可以培养细心的品质，有助于抑制破坏性的冲动。特别是当孩子对自己制作的物品拥有财产意识时，这种意识是有益的，如果不允许这种意识存在，就会阻碍他的建设欲望。

由于双方的观点如此尖锐对立，我们无法采取一种明确统一的政策，而只能根据环境和孩子的性格来灵活引导。尽管如此，我还有一些关于如何在实践中调和这些矛盾的看法。

在玩具分配方面，有些玩具应该归个人所有，有些则应该公用。例如，摇摆木马显然是公用的，这表明了一个原则：当一个玩具可以供所有孩子平等分享，但一次只能由一个孩子玩，且这件玩具由于太大或太贵而不方便多买时，它就应该被公用。另外，一些玩具可能更适合某个年龄段的孩子，那么就应该让这些玩具归那个能从中获得最大乐趣的孩子所有。如果某个玩具需要谨慎操作，而年长的孩子已经学会了操作方法，那么为了避免损坏而不让年幼的孩子使用，也是合理的。作为补偿，年幼的孩子应该获得适合他们年龄段的其他玩具，作为他们的私有财产。

孩子2岁后，如果他由于不小心导致玩具损坏，我们不应立刻为他们买新玩具，而是让他体验一段时间的失落感。同时，不要让孩子一直阻拦其他孩子玩他的玩具，只要有玩具多到他在现实生活中玩不过来，那么当其他孩子玩他不玩的玩具时，就不应该允许他反对。然而，对于某些特殊情况，如那些容易被其他孩子玩坏的玩具，以及那些已经被它们的主人建设成令他自豪的某种建筑的玩具，在该建筑被孩子们忘记之前，尽可能让它作为劳动成果保持原状。除了这些例外，我们不应让孩子养成即使不使用也要占有的习惯，也不应让他们随意干扰其他孩子的游戏。

在这些方面，教育孩子学会适当的行为并不难，必要时严格管教也是值得的。不要让孩子抢夺其他孩子的玩具，即便这在他们的权限之内。如果年长的孩子对年幼的孩子不友好，我们也应该对他们表现出不友好，并立即解释原因。这有助于促进孩子们和谐共处，减少频繁的争吵和哭闹。有时，适度的严厉也是一种必要的轻微惩罚。无论如何，决不能让孩子养成欺负弱小的习惯。

在允许孩子拥有一些心爱的物品的同时，鼓励他们多玩如积木这样的玩具是有益的。对于这类玩具，孩子只有在使用时才拥有专属权。蒙台梭利教具是共享的，但一旦有孩子开始使用某个教具，其他孩子就不应打扰他。这有助于培养一种基于工作的有限使用权意识，这种意识不会与未来任何有价值的事物相冲突。

对于非常年幼的孩子来说，实施这种方法可能有些困难，因为他们的建设能力有限。但随着他们技能的提升，对建设过程的兴趣也会增加。只要他们知道可以随时获取建造材料，他们就不会介意别人也有同样的材料。起初他们可能不愿意分享，但习惯会逐渐消除这种感觉。我认为，当孩子达到一定年龄时，应该允许他拥有自己的藏书，这可以激发他对阅读的兴趣。个人收藏的书籍应尽可能优质，如刘易斯·卡罗尔[①]的作品和

① 刘易斯·卡罗尔（Lewis Carroll，1832—1898），英国数学家、作家，发明了“维吉尼亚加密法”，著有《爱丽丝漫游奇境》。

《杂林别墅里的希腊神话》[①]等，不要都是些质量低劣的书籍。如果孩子们想看一些无聊的书，这些书应该被共享，而不是个人收藏。

总体而言，有两个基本原则：首先，避免让孩子因缺乏财产而感到沮丧，这会使他变成一个守财奴；其次，如果私有财产能够激发有益的行为，尤其是当它有助于培养孩子的谨慎时，可以适当允许孩子拥有它。即便如此，我们仍应努力将孩子的注意力引向那些不涉及私有财产的活动。即使有了私人财产，当其他孩子想得到玩他的东西的许可时，也不要让他变得小气或吝啬。我们的目标是鼓励孩子自愿地与他人分享。如果必须通过强制手段，就无法达到预期的教育效果。对于快乐的孩子来说，培养他们的慷慨精神相对容易；然而，如果孩子不快乐，他肯定会紧紧抓住自己所拥有的不放。孩子们学习美德的过程应该充满幸福和健康，而不是痛苦。

① 《杂林别墅里的希腊神话》（*Tanglewood Tales*）是美国作家霍桑（Nathaniel Hawthorne，1804—1864）所著的童话书。霍桑被誉为美国心理分析小说的先驱，也是美国文学史上首位创作短篇小说的作家，被称为19世纪美国最伟大的浪漫主义小说家。

第 6 章 /

如何培养孩子的诚实品质

道德教育的一个关键目标是培养诚实的习惯。我所说的诚实不仅包括口头上的，更重要的是思想上的诚实，后者在两者中更为重要。与那些自我欺骗、然后标榜自己善良诚实的人相比，我更喜欢那些明知自己在说谎而说谎的人。实际上，即使是诚实的人也不会认为所有的谎言都是错误的。那些坚持撒谎永远是错误的人，往往需要使用花言巧语和故作高深来支持自己的观点，这样他们就可以在不承认说谎的情况下欺骗他人。但在我看来，很少有情况可以证明撒谎是正当的——尽管高尚的人并不总是说真话。此外，几乎所有需要撒谎的情况都发生在人们面临暴力或战争等有害活动的环境中，这些情况在良好的社会制度下会比现在更少见。

现实中的虚伪大多是恐惧的产物。那些没有在恐惧中长大的孩子通常更诚实，这并不是道德教育的直接结果，而是因为他们内心没有变得虚伪的动机。接受过开明和仁慈教育的孩子拥有坦率的眼神，即使在陌生人面前也能保持镇定，而那些受到严格管教的孩子则常常因为害怕惩罚而感到不安，即使他们的行为没有问题，也会担心违反规则。孩子们天生不会说谎，他们通过观察成年人才学会说谎，而恐惧则是他们说谎的驱动力。当孩子们意识到成年人会对他们说谎，并且对成年人说真话可能是危险的时，他们就开始说谎。消除这些诱因，他们就不会有说谎的想法。

然而，在判断孩子是否诚实时，我们必须谨慎。儿童的记忆力往往是不可靠的，他们经常不知道问题的答案，而成年人却认为他们知道。他们对时间的感知很模糊，4岁以下的孩子难以区分昨天和一周前，或者昨天和6小时前。当他们不知道答案时，就会根据你的语气暗示回答"是"或"不是"。此外，他们还经常以虚构情景中的角色身份说话。当孩子认真地告诉你后院有一头狮子时，你能轻易识别出这不是真的，但在许多情况下，孩子很容易将游戏当作现实。因此，尽管孩子们的陈述可能在客观上不准确，但这并不意味着他们有意欺骗。

实际上，孩子们最初认为成年人无所不知，不可能被欺骗。我的儿子（3岁9个月）会让我告诉他我不在家时他发生了什么事，以换取听故事的乐趣，但他很难理解我其实并不知道他身上发生了什么。大人知道很多事情，但孩子们不知道大人是如何办到的，所以他们认为成年人拥有无限的能力。

去年复活节，我儿子收到了一些巧克力做的复活节彩蛋。我们告诉他，如果吃太多巧克力就会生病，但说完以后我们就没再继续监督。他吃了很多，随后真的生病了。病愈后，他兴奋地跑来告诉我，语气中带着胜利的喜悦："爸爸，我确实生病了，就像你说的那样。"他的喜悦仿佛是验证了一个科学定理，令人惊讶。这次经历之后，我便放心让他自己保管巧克力，尽管他得到巧克力的机会不多。

此外，他对我告诉他的关于哪些食物对他有益的信息深信不疑。达到这一效果并不需要进行道德说教、惩罚或恐吓。当孩子们还小的时候，他们需要耐心和决心。我儿子快到偷吃甜食却不肯承认的年龄了，这在男孩中很常见。我确信他一定偷吃过好几次了，但如果他说谎，我会感到惊讶。当孩子说谎时，父母应该首先反省自己，而不是责怪孩子。父母应该从根本上审视和改进自己的教育方式，温和而合理地向孩子解释为什么不该撒谎，而不是仅仅通过惩罚来解决问题。惩罚只会加深恐惧，从而增强撒谎的动机。

为了避免孩子学会撒谎，成年人必须对孩子保持绝对诚实。如果父母一方面告诉孩子“说谎是一种罪恶”，另一边却在孩子面前说谎，那么他们的道德权威自然会消失。对孩子说实话是一种新的观念，这在前一代人中并不常见。

传统上，父母常常表现得似乎完全由理性主导，不受情感左右。他们批评孩子时，更多是出于惋惜而非愤怒。无论他们如何责怪孩子，他们总是保持冷静，认为这样做是为了孩子好。然而，父母往往低估了孩子敏锐的洞察力。尽管孩子们可能还不理解复杂的政治和社会伪善，但他们能直接感受到这些虚伪，并对此表示轻蔑。孩子们能清楚地察觉到你无意中显露出的嫉妒，当你对这些欲望对象发表道德评论时，你在孩子的眼中会大打折扣。不要试图伪装成完美无瑕或高人一等，孩子们不会买账，即使他们表面上相信，内心也不会因此更加尊敬你。记得在我很小的时候，我就看穿了周围维多利亚式的互相欺骗和虚伪，并决心如果我有了孩子，绝不会让他重蹈覆辙。现在，我正在尽我所能履行这个承诺。

另一种形式的谎言是用惩罚作为威胁，但又没打算来真的，这种做法对孩子极为不利。巴拉德博士《变迁中的学校》（*The Changing School*）[①]一书中强调了这一原则：

> 不要威胁，如果你做出了威胁，就必须兑现承诺。如果你告诉孩子，“你再这样做，我就揍你”，而他又那样做了，那么你必须揍他，否则你在他面前就会失去威信。保姆和无知的父母用来威胁婴儿的惩罚没必要那么严厉，但也应遵循同样的原则。除非你有确凿的理由，否则不要放狠话。然而一旦你说了狠话，就必须坚持执行，即使你内心后悔。如果你拿惩罚来威胁，就要有说到做到的准备，不要心存侥幸，认为孩子不会看穿你的虚张声势。文盲很难理解这一原则，尤其令人讨厌的是，他们会通过恐吓进行，警告孩子会被警察抓走或被怪物绑架之类的。这种做法首先会导致一种令人不安的恐惧感，然后引发孩子对成年人每一句话和威胁

① Hodder and Stoughton（霍德斯托顿出版公司），1925. ——作者注

产生彻底的怀疑。如果你说了严厉的话后毫不心软，孩子很快就会意识到反抗是没用的，他会乖乖听话，不再制造麻烦。要使这种方法有效，至关重要的前提是，有确凿的理由要说狠话，否则不应该这样做。

还有一种欺骗行为是将无生命的物体视为活物来对待，这种行为并不可取。比如，当孩子不小心撞到桌子或椅子而受伤时，有的保姆会教孩子去责怪这些物体，说“桌子不好”或“椅子不好”，这样的做法剥夺了孩子在自然学习过程中自我提升的机会。如果对保姆的教育方式进行干预，孩子将迅速认识到，处理无生命物体应当依靠恰当的技巧，而不是通过愤怒或奉承。这不仅有助于孩子掌握实用技能，还能帮助他们认识到自身能力是有限的。

在性教育方面，虽然普遍存在谎言，但我认为这是非常错误的。我打算用一个专门的章节来讨论，此处不再展开。

在无拘无束的环境中成长的孩子会问无数的问题，有的孩子很聪明，有的孩子则相反。这些问题往往令人烦恼，有时又难以回答，但我们应该尽力提供诚实的答案。如果孩子提出宗教的问题，即使我们的观点与他人不同，也应坦诚地表达自己的观点；如果孩子提出关于死亡的问题，或者可能让我们显得无知或不光彩的问题，如战争或死刑，我们同样需要给出回答。除非涉及复杂的科学问题，如如何制造电灯，否则不要用“你还没法儿理解”这种话进行搪塞。而且就算他真的没法儿理解，也应该让他知道，问题的答案是为他预留的惊喜，等他学到了更多的知识，将来会逐渐明白。提供给孩子更多信息，包括一些他暂时无法理解的，而不是告诉更少的信息，这样做能够激发他的好奇心和求知欲。

要始终对你的孩子诚实，作为回报，孩子也会信任你。孩子天生愿意相信成人，除非他们内心有某种强烈的愿望与之相冲突。正如我之前提到的复活节彩蛋的例子，就算在这种情况下，只要让孩子稍微体验一下你说的话的真实性，就可以轻松建立信任，无须大费口舌。但如果你习惯于使用虚假的威胁来吓唬孩子，你将发现自己不得不持续使用这种手段，而且威胁的程度也要不断升级，到最后只会使孩子陷入恐慌。

有一天，我儿子想去小溪里玩耍，我劝阻了他，因为我担心那里有一些陶瓷碎片，会割伤他的脚。但他急不可待地想去涉水，因此对我的话半信半疑。但在我发现一块碎片并向他展示了其锋利的边缘后，他就老实听话了。如果我图省事撒谎说有陶瓷碎片，我就会失去他的信任；如果我找不到陶瓷碎片，就只能让他去体验。在有过许多这样的经历之后，他基本上对我提出的建议不再怀疑了。

欺骗充斥在我们生活的世界里。如果孩子在成长过程中不了解欺骗，他们成年后肯定会对许多通常被认为值得尊重的事物抱有一种轻蔑的态度。这是令人遗憾的，因为轻蔑是一种消极的情绪。我不应该让孩子注意这些事情，尽管当他对这些事情感兴趣时，我应该适当地满足他的好奇心。在一个虚伪的社会里，坚持诚实会带来一些挑战，但诚实的人必须无所畏惧，而与无所畏惧的好处相比，诚实所带来的挑战往往微不足道。

第 7 章 /

何时需要对孩子进行惩罚

我们都渴望培养出正直、诚实、坦率和拥有自尊的下一代。于我个人而言，我更愿意看到孩子们即使遭遇失败也保持这些美德，而不是通过阿谀奉承来取得成功。真正优秀的人天生就拥有自尊和正直，这些品质让他们除非出于善意，否则不会选择说谎。我致力于将孩子们培养成在思想和言辞上都真诚不欺的人，哪怕这意味着他们可能在生活中遭遇不幸。因为在我眼中，诚实的价值远远超过物质财富和名誉，尽管诚实在当今社会正面临严峻的考验。

从古至今，人们普遍认为惩罚孩子是一种合理的甚至是最佳的教育手段。在前一章中，我们已经了解阿诺德博士关于鞭笞的看法，他的观点在当时已经算是颇具人道主义精神。卢梭以归于自然（leaving things to nature）的理论而著称，但在《爱弥儿》中，他偶尔也支持严厉的惩罚。《前车之鉴》[①] 中有一个故事，反映了

① 《前车之鉴》（*Cautionary Tales*），一本以警示和训诫为目的的民间故事集。

大约一百年前的一种普遍观念。故事中，一个名叫卡罗琳的小女孩想要一条粉红色的缎带，但大人在她身上系了一条白色的缎带，这让她非常不满并大发脾气。

爸爸在客厅里听到，
卡罗琳不停地吵闹，
立刻来到她面前，
一言不发就鞭打。

费尔柴尔德先生在目睹孩子们吵架时，会一边读《让狗以狂吠撕咬为乐》[①]这首诗，一边合着诗的节拍用藤条对他们进行惩戒。之后，他带着孩子们去看用锁链悬挂在绞刑架上的尸体，锁链在风中剧烈撞击，发出刺耳的声音。小儿子十分恐惧，恳求父亲带他回家，但费尔柴尔德先生强迫他看了很长时间，并解释说，心怀恶意的人最终会遭受这样的命运。这孩子注定要成为牧师，可能正是因为这个原因，他需要通过亲身经历来学习描述遭受天谴的人的悲惨样子。

① 《让狗以狂吠撕咬为乐》(*Let Dogs Delight to Bark and Bite*)，英国著名圣诗诗人以撒·华滋(Isaac Watts，1674—1748)的作品。

即使在今天的美国田纳西州，也很少有人会赞同这种做法。然而提及替代的手段，人们的看法五花八门，一些人坚持认为应该保持一定程度的惩罚，而另一些人则主张可以完全废除惩罚。有些人仍然主张维持一定程度的惩罚，而另一些人则主张可以彻底废除惩罚。在这两者之间，还有许多不同的声音。

就我个人而言，惩罚在教育中应该占据一个非常边缘的位置，但我对于惩罚是否总是需要非常严厉持有疑问。我将责骂和斥责也视为惩罚的一种形式，并且认为，当惩罚变得必要时，其严厉程度应当仅限于愤怒的自然表达上。

每当我的儿子粗鲁地对待他的妹妹，妻子就会愤怒地大声斥责他。这种教育方式效果显著，儿子会突然哭泣，直到妻子安慰他一段时间才平静下来。这种方式对他的影响深远，从他后来对妹妹的温柔行为中就可以看出。有时，如果儿子坚持要求我们不给的东西，或者干扰妹妹的活动，我们也会采取一些轻微的惩罚措施。在劝说和讲道理都无效的情况下，我们会让他单独待在一个房间里，门保持敞开，并明确告诉他，只有当他意识到自己的错误并准备改正时，才能回到我们中间。通常，他会在哭泣一段时间后回来，并确实改正了自己的行为。他明白，回来意味着他承诺要成为一个好孩子。到目前为止，我们还没有发现需要采取更严厉惩罚的必要。

从传统教育专家的书籍来看，传统教育方式培养出的孩子似乎比现代孩子更顽皮。如果我的儿子有《费尔柴尔德家族》中孩子们一半的任性，我会感到非常震惊。但我认为，孩子的行为更多是父母教育方式的结果，而不是孩子自身的问题。我相信，理智的父母会培养出理智的孩子。关键在于让孩子感受到父母的爱，这种爱应该是温暖的，而不是仅仅出于责任和义务——没有孩子会因此而感激。也就是说，父母要一看到自己孩子的表现和状态就由衷地高兴。

在禁止孩子做某些事情时，我们必须提供详尽而真诚的解释，除非存在无法解释的情况。有时应该允许一些小的意外发生，如轻微的磕碰或割伤，不要因此过度干预他们的游戏。孩子在这方面有一定经验，他们会更愿意相信禁令是合理的。如果从一开始就坚持这样的教育方式，我相信孩子们不太可能做出需要受到严重惩罚的行为。

当一个孩子持续干扰其他孩子或破坏他们的娱乐

时，常规的做法是将他排除在外。让其他孩子因此受苦是不公平的，因此需要采取一些措施。然而，对于难以管教的孩子，仅仅让他们认识到自己的错误还不够，更有效的是让他们意识到自己失去了其他人所享受的乐趣。蒙台梭利女士描述了她的方法：

谈及惩罚，我们有时会遇到一些孩子，他们不仅干扰其他孩子，还对我们的纠正措施漠不关心。对于这样的孩子，我们首先会安排医生进行健康检查。一旦医生确认他们没有健康问题，我们会在教室的一个角落设置一张小桌子，以此方式将孩子暂时隔离。我们让他坐在舒适的小扶手椅上，这个位置可以让他清楚地看到自己伙伴们活动的位置，并给他那些最喜欢的游戏设备和玩具。

这种隔离通常会使孩子安静下来，他能够从自己的视角观察到伙伴们组成的团队，而他们开展活动的方式就像一场生动的教学，比任何口头教导都更有效。他会逐渐意识到与伙伴们在一起的好处，并渴望重新成为他们中的一员。通过这种方式，我们帮助最初对纪律有抵触的孩子逐渐变得自觉遵守纪律。

被隔离的孩子总是受到特别的关注，几乎就像他们生病了一样。每当我走进教室，我总是首先走向他，就像对待一个需要特别照顾的婴儿一样，然后开始关注其他孩子的活动，并提出一些问题，仿佛其他孩子已经是大人了。虽然我不知道这些需要管教的孩子们内心经历了什么，但可以肯定的是，他们经历了深刻的转变。他们学会了如何做事，懂得了如何做人，这种成长令他们感到自豪，并对老师和我保持着深厚的感情。[①]

这种方法的成功依赖于一些传统学校所缺失的要素。首先，要排除那些因健康问题而行为不当的孩子；其次，要运用策略和技巧来实施这种方法。但最为关键的是，班级中大多数孩子的行为都是良好的，不守规矩的孩子会感到自己违反了普遍认可的社会规范。当然，如果一个老师的班级里充满了调皮捣蛋的学生，那么情况将会大不相同。我并不打算探讨这些老师应该采取何种措施，因为如果从一开始就进行恰当的教育，这些方法就不需要被使用。只要教学内容合适、方法得当，孩子们就会爱上学习。

① 《蒙台梭利教育法》(*The Montessori Method*), Montessori, Heinemann, 1912: 103. ——作者注

在传授知识时，我们可能会犯的错误与在饮食和睡眠方面的错误相似：某些对孩子有益的事情，孩子在做时却像是在迎合大人。孩子很容易认为他们吃饭和睡觉只是因为大人希望他们这么做，这会导致他们消化不良和失眠[①]。除非孩子生病，否则如果他拒绝吃饭，就让他饿着。我的儿子以前总是需要保姆哄着吃饭，结果现在越来越难伺候。有一次，我们让他吃午饭，他拒绝吃布丁，我们就把它拿走了。过了一会儿，他想把布丁拿回来，却发现它已经被厨师吃掉了，于是儿子愣在那里，从此再也不对我们装模作样。

同样的原则也适用于教学。对于那些不想学习的孩子，应该给予他们一定的自由，但要确保他们觉得缺课是一件无聊的事。如果他们看到其他孩子在学习，很快就会叫嚷着自己也要接受教育，而老师就可以表现得好像在给他们某种特权一样。但情况也确实如此，在我看来，每所学校都应该有一个大的空房间，不想学习的学生可以去那里。但一旦他们去了那里，当天就不能再回到课堂。如果学生在课堂上表现不佳，作为惩罚，也可

① 《紧张的孩子》（*The Nervous Child*），Dr. H.C.Cameron, Chaps. IV and V.——作者注

以送他们去那里。这背后的原理其实很简单：惩罚的内容应该是做错事的人不喜欢的东西，而不是他们喜欢的东西。然而，抄写作为一种常见的惩罚，据说是为了激发孩子对古典文学的兴趣。

对于轻微的过错，尤其是涉及礼仪的过错，适度的惩罚可以起到积极作用。对于年幼的孩子而言，表扬和责备是重要的奖惩形式；对于稍大一些的孩子，如果这些表扬和责备来自他们尊敬的人，它们同样也会很有分量。在我看来，一个没有表扬和责备的教育过程是难以想象的，但这两种手段都需要谨慎和恰当地使用。

首先，避免将表扬和责备与其他孩子进行比较。不要告诉孩子他做得比某某好，或者某某从不淘气。这样的比较可能会引发孩子的轻蔑或怨恨。

其次，责备的使用应该远少于表扬。责备应当是一种明确的纠正措施，用于应对那些偶然偏离良好行为的情况，一旦责备起到了效果，就不应再继续使用。

最后，不应随意表扬那些孩子本应做到的事情。勇气、技能的提升，以及在财产方面的无私行为——特别是当这些行为是在道德努力之后做出的，我认为都值得表扬。在教育过程中，所有特别突出的表现都应该得到认可。克服困难取得成功并获得表扬，是青春期最令人快乐的经历之一，对这种快乐的渴望适合作为一种额外的激励，尽管它不应成为主要动机。主要动机应该是对事物本身的兴趣，无论这个事物是什么。

单靠惩罚很难纠正“残忍”这种性格上的严重缺陷。或者说，在处理此类问题时，惩罚应该只作为辅助手段。虐待动物几乎是男孩的天性，要预防这种行为，需要特殊的教育方法。在发现孩子虐待动物时才来阻止和打骂孩子，这是一种非常糟糕的处理方式，只会让他希望自己的行为不被你发现。你需要留意那些可能发展成残忍行为的早期迹象，并教育孩子尊重生命。不要让孩子看到你杀害动物，就算是黄蜂和蛇。如果不可避免，务必以严肃的态度解释为何这么做。一旦他对比自己年幼的孩子做了稍微不友好的事情，就立即让他体验相同的对待。他会抗议，而你就可以向他传授“不要将自己不想做的事强加给其他人”的道理。这样一来，他就可以亲身体会到一个事实：别人也有和他一样的感受。

显然，这种方法的关键在于尽早开始，并且主要针对轻微的不友好行为。只有当孩子对他人造成了微小的伤害后，你才能用同样的方式对待孩子。当你采用这种方法时，不要表现出自己是在惩罚的样子，而是要展现出一副教育的姿态："看，这就是你对妹妹所做的事。"如果孩子抗议，你就告诉他："如果你觉得这样做让你不舒服，那么你也不应该这样对妹妹。"只要整个过程简单直接，而且是当场发生的，孩子就会理解并认识到考虑他人感受的重要性。这样一来，就不会发生严重的残忍行为。

所有的道德教育都应当是当场的和具体的：它必须源于自然发生的情景，而且不应该超出特定情况而应有的行为。孩子自己会把这种道德观应用到其他类似的情景。理解一个具体的案例并从中类推出相似情景的行为，比掌握一个普遍原则然后进行推演要简单得多。不要泛泛而谈地说"要勇敢，要友好"，而是要鼓励他去做一件勇敢的事，然后告诉他："做得好，你真是个勇敢的孩子。"要让他愿意把自己的机械玩具给妹妹玩，当他看到妹妹露出笑容时，告诉他："做得好，你真是个友爱的孩子。"在处理残忍行为的时候，这一原则同样有效：留意早期迹象，并且采取预防措施。

如果你已经竭尽全力，但孩子在成长过程中的某个阶段还是出现了严重的残忍行为，那么你必须严肃地对待这一问题，并将其视为一种疾病来解决。这样的孩子理应接受惩戒，目的在于让他明白，自己也会遭遇不快，就像他患了麻疹一样，而不是为了让他感到自责。有必要暂时将他与其他孩子和动物隔离，并向他解释，这样做是为了防止他伤害他人。应该努力让他意识到，如果自己受到残忍对待会有多么痛苦，并让他感受到，如果继续这种行为，将会给自己带来巨大的不幸，而家长和教师正在努力保护他，使他在未来免遭类似的不幸。我相信，除了极端病态的案例外，采用这些方法肯定可以成功。

我坚信体罚是绝对错误的。轻微的体罚不会造成明显的伤害，但也没有任何益处；严厉的体罚将会诱发残忍和傲慢。孩子的确通常不会对施暴者怀恨在心，但如果频繁遭受体罚，他们可能会逐渐适应，并形成一种习惯，认为为了维护权威而施加身体痛苦是合理的，这种观念对于那些将来可能掌握权力的孩子来说尤其危险。

体罚还会破坏父母和孩子之间、教师和学生之间应有的公开和诚实的关系。现代的家长希望无论自己是否在场，孩子都是自由的。父母希望孩子看到自己时会觉得高兴；不希望孩子在自己注视他时假装乖巧，当父母转过身时却又开始胡作非为。赢得孩子们的真心敬爱是一种极大的快乐，这种快乐足以与人生中任何其他快乐相媲美。我们的祖辈不懂这种快乐，因此也没意识到自己错过了什么，他们教育孩子，告诉孩子爱父母是一种“义务”，然后又让这个“义务”几近无法履行。

以本章开头提到的卡罗琳为例，当她父亲走到她跟前“一言不发就鞭打”时，她不可能感到快乐。只要人们坚持相信爱可以被作为一种义务来进行命令时，他们就不会试图去赢得真正情感上的爱。最终，人际关系仍然保持僵化、苛刻和冷漠的状态。

惩罚是这整个观念的一部分，但令人惊讶的是，那些做梦也没想过攻击女性的男人，可以毫无顾忌地对无力自卫的孩子施加肉体上的痛苦。在过去的一百年里，关于亲子关系的更为合理的理念已经逐渐深入人心，而整个惩罚理论也随之发生了变化，这着实令人鼓舞。我希望这些在教育领域开始流行的先进思想能够逐步扩展到其他人际关系中，因为我们需要这些思想来处理这些关系，就像我们处理有关孩子的问题一样。

第 8 章 /

怎样的同伴有利于孩子的成长

养育的基本

到目前为止，我们一直在探讨家长和老师如何培养孩子的优良品质。然而有许多事情如果没有其他孩子的帮助是无法完成的，随着孩子长大，这一点变得尤为明显。尤其是在大学阶段，同龄人的影响尤为显著。在人出生第一年的前几个月里，其他孩子完全无足轻重。一直到第一年的最后三个月，他们才给婴儿带来些许好处。在这个时期，能为婴儿带来好处的是较为年长的孩子。和后出生的孩子相比，家庭中的第一个孩子学习走路和说话通常都要更慢，因为成年人已经熟练掌握这些技能，孩子们很难模仿。对于1岁的孩子来说，3岁的孩子是更好的模仿对象，不仅因为1岁的孩子更愿意模仿3岁的孩子，也因为3岁孩子的能力对他们来说没有那么遥不可及。

孩子们往往认为，比起成年人，其他孩子与自己更相似，因而其他孩子的行为更能激发他们的积极性。家庭可以通过年长的孩子提供这种早期教育的机会。大多数孩子更愿意与比自己年长的孩子玩，因为这让他们感到“伟大”。但年长的孩子又倾向于与更年长的孩子玩，以此类推。因此，无论在学校、街头还是任何孩子可以自由选择玩伴的地方，他们通常都会选择与同龄人一起玩耍，因为年长的孩子不想与比自己小的孩子一起玩耍。这样，幼儿如果想向年长的孩子学习，主要就得在家庭中学习了。

这种模式的缺点是，每个家庭中都有一个孩子无法从这种方式中受益，那就是最年长的孩子。随着家庭规模的缩小，越来越多的孩子成为家中最年长的孩子，这个问题也变得更加严重。在某些方面，小家庭并不利于孩子的成长，除非他们通过幼儿园来弥补，幼儿园的作用将在后面的章节中讨论。

年长的孩子、年幼的孩子和同龄的孩子都有各自的作用，但由于上述原因，年长的孩子和年幼的孩子的作用主要局限于家庭。年长的孩子的一个重要作用是成为榜样。孩子们愿意付出巨大的努力，以证明自己有资格参与年长孩子的游戏。年长的孩子在游戏中表现得更自然，没有成年人在场时的那种顾虑和伪装。如果成年人不加以考虑，游戏对孩子来说就会变得痛苦，这主要是因为成年人拥有力量和权威，其次是因为他们参与游戏是为了取悦孩子，而非追求自身的满足。

孩子总是愿意服从哥哥姐姐，而不是成年人，除非他受到成年人的严格管教。在与其他人合作的过程中，自己处于次要的地位，这种经验最好是从其他孩子那里学习得来，如果成年人试图教会孩子这一点，他们将面临一个两难困境，那就是无情和虚伪——追求真正的合作，将显得无情；只满足于表面的合作，则显得虚伪。我并不是说应该完全避免真正的合作或表面的合作，但与大小孩子之间的合作相比，这种合作缺乏自发性，所以很难持续，也难以让双方都感到高兴。

在整个青春期，年长的孩子可以一直在教育中发挥特殊作用——这里指的并非学校里的正规教育，而是指在课余时间进行的教育。在此期间，年长的孩子仍然是一个可以激发年幼孩子拥有进取心的强大动力，如果他们态度友好，就可以比成年人更好地解答疑惑，因为他们对如何克服困难记忆犹新。我自己在大学时期也从比我年长几岁的人那里学到了许多宝贵的知识，这些是那些受人尊敬的老师所无法传授的。只要大学生活不严格按照年级划分，这种经历就会变得普遍。然而，如果高年级学生认为与低年级学生交往有失身份，这种经历就会变得稀缺。

幼龄孩子也很有作用，尤其是在3～6岁年龄段的，他们的作用主要是道德教育方面的。当孩子与成年人在一起时，他们往往没有机会实践许多重要的美德，这些美德对于弱者和强者都是必需的。要教育孩子不要通过暴力从弟弟妹妹那里抢东西，不要因为弟弟妹妹不小心撞倒了他们的积木塔而生气，也不要在别人想玩他们闲置的玩具时把它们藏起来。要让他们明白，弟弟妹妹很容易因为粗鲁的对待而受伤。如果他们的行为导致弟弟妹妹哭泣，应该让他们感到内疚。为了保护年幼的孩子，父母可以严厉地责备年长的孩子，尽管这在平时是不合理的，但这种情况下突然的谴责会给孩子留下深刻印象。这些有用的教训很难通过其他方式自然地传授。

对孩子的道德教育应该是具体的、符合当时情景所实际要求的，而不是抽象的。很多事情站在成年人的角度来看属于道德教育的内容，但对孩子来说，它们和指导如何使用锯子没什么两样。孩子会认为，成年人是在向他们示范如何完成某件事，这就是榜样重要的原因之一。孩子看到木匠的工作以后，就会尝试模仿木匠的行为；孩子看到父母总是和蔼可亲、富有同情心时，也会在这方面努力模仿。

在所有情况下，威信都与孩子想要模仿的行为有关。如果你表面上认真地教孩子如何使用锯子，但自己却总是将其当作斧头来用，那么你永远不能让他成为一名木匠。同样地，如果你要求他对妹妹更好，但自己却对女儿不好，那么你的所有教导都将是徒劳的。因此，当你不得不做一些让年幼的孩子哭闹的事情时，如帮他擤鼻涕，你需要向年长的孩子认真解释你这么做的原因。否则，他极有可能会站出来保护弟弟妹妹，强烈反对你，要求你停止“残忍”的行为。如果你放任他认为你是一个残忍的人的想法，你就难以抑制他发展出暴力倾向。

尽管年长和年幼的孩子都十分重要，但同龄的孩子更为重要，尤其是从4岁开始。学会如何与平等地位的人相处是关键的一课。现实世界中的不平等往往是人为造成的，理想情况下，我们的言行可以不受其影响。富人在自己的厨师面前表现得高人一等，因此他们对待厨师的态度并不像自己在社会中所表现出来的那样，但他们在公爵面前又自愧不如，缺乏自信。这两种态度都是错的，无论是面对厨师还是公爵，都应当以平等的心态对待他们。

青春期的到来自然地带来一种等级感，这种等级感并非人为强加，而是随着年龄增长自然形成的。因此，未来生活所需的社交技能最好通过与同龄人相处来学习，无论是参与各种游戏还是学术上的竞争。在同龄人群体中，一个男孩有多重要取决于每个人的评价。他可能受到尊敬，也可能遭到轻视，这取决于他的个人品质和能力。溺爱孩子的父母会制造出过于放纵的环境，而冷酷无情的父母则会制造出压抑本能的环境，只有在同龄人之间自由竞争和平等合作的环境中，孩子们才能有机会发展他们的本能。自尊而不傲慢，体贴而不卑微，学习这些品质的最佳途径是与同龄人相处。因此，无论父母怎样费尽心机，也无法在家中复制孩子在一所好学校里所能获得的益处。

除了上述因素，可能还有一个更加重要的考虑。训练孩子的身心需要大量的游戏，在孩子成长的早期阶段，如果不和其他孩子一起玩，就很难在游戏中找到真正的满足感。没有游戏，孩子会变得不自然乃至神经质，他的生活会失去乐趣，变得焦虑不安。我们确实也可以采取约翰·斯图亚特·穆勒[①]那样严格的教育方式，让孩子从3岁开始就学习希腊语，但这种方式剥夺了他们体验普通童年乐趣的机会。

单纯从获取知识的角度来看，这种方法可能会成效显著，但如果综合考虑，我对这种方法持有保留意见。在自传中，穆勒透露了自己年轻时差点儿自杀，因为他想到所有的音符组合总有一天会被用光，而那时将不再有新的音乐创作。这种焦虑显然是神经衰弱的症状。在他后来的人生中，每当遇到一个挑战其父亲哲学观点的情况时，他就会像一匹受惊的马一样避开它，这大大削弱了他推理能力的价值。若是经历了一个更正常的青春期，他可能会拥有更灵活的思维，从而在思想上展现出更多的独创性。无论如何，这将有助于他更好地享受生活。

我本人也是孤独教育的产物，直到16岁，我才摆脱了这种教育模式——虽然没有达到穆勒那样的极端程

① 约翰·斯图亚特·穆勒（John Stuart Mill，1806—1873），英国著名哲学家、心理学家和经济学家，19世纪极具影响力的古典自由主义思想家，支持边沁的功利主义，著有《穆勒名学》《论自由》等。作为学者詹姆士·穆勒的儿子，他自幼接受父亲的严格教育，从未上过正规学校。

度，但同样缺少了普通青少年所享有的幸福。我在青春期也曾有过自杀的念头——这源于我意识到身体的运动完全受制于力学定律，使得自由意志成为一种纯粹的幻觉。直到我开始与同龄人交往，才意识到自己是一个刻薄而自大的人。至于我是否已经完全摆脱了这些特质，就没法儿由我自己判断了。

尽管有以上种种论据，但我还是打算承认，确实有一部分孩子不应该上学，其中一些还是极其优秀的人才。如果一个孩子在智力上表现非凡，但同时身体虚弱，而且有着严重的神经过敏，那么他估计很难融入一个正常的儿童群体，并且可能会被逼疯。非凡的才能往往伴随着精神上的脆弱。在这种情况下，我们应当考虑为这些特殊孩子提供不同于普通孩子的教育方法。必须注意找出他的精神敏感异常有没有确切的原因，并以耐心和细心的态度加以治疗。但这些努力绝不应该给孩子带来额外的痛苦，例如，一个不正常的孩子很容易被野蛮的同龄人欺负。

在我看来，这种敏感性往往源自婴儿期的一些错误，这些错误会损害孩子的消化系统或神经系统。我认为，只要能明智地照顾婴儿，几乎所有的婴儿都能成长为完全正常的孩子，并享受与其他孩子相处的快乐。尽管如此，还是会出现一些例外，而且这些例外很容易发生在那些有特殊才能的孩子身上。在这些罕见的案例中，传统的学校教育可能并不适合他们，这样的孩子可能更适合度过一个足不出户的青春期。

第9章 /

如何培养孩子的爱与同情

到目前为止，我尚未深入探讨爱这一主题，这可能会让许多读者感到困惑，因为在某种意义上，爱才是良好性格的本质。我坚信爱和知识是与正确行为有关的两个核心要素，但在讨论道德教育的过程中，我并没有特别强调爱。之所以这样做，是因为只要孩子在成长过程中得到了适当的培养，他拥有正确的爱就是一件很自然的事情，而不是将其作为在不同成长阶段刻意追求的目标。我们必须了解什么样的爱是好的，以及不同的年龄段适合培养哪种品质。

从10岁左右到青春期的男孩总是会很缺乏情感，这是他们的天性使然，强迫他们改变也无济于事。与成年后相比，青春期的孩子在表达同情方面的机会较少，原因有二：第一，他们尚未具备有效表达同情的能力；第二，他们需要专注于自己的生活训练，这使得他们在很大程度上没有时间去考虑他人的利益。因此，我们更要注重培养富有同情心和爱心的成年人，而不是在生命早期就强行培养这些品质。与教育中的其他问题一样，这个问题也可以被视为一个科学问题，其所属范畴或许可以被称为“心理动力学”（psychological dynamics）。爱无法作为义务而存在，告诉一个孩子他应该爱父母和兄弟姐妹，这么做即使没有坏处，也不会带来任何好处。想要赢得孩子爱戴的父母必须通过自己的言行来激发爱，还要努力帮助孩子拥有那些能够产生丰富情感的生理和心理特质。

父母不应强迫孩子去爱他们，也不应为了赢得这份爱而采取任何手段。在这一点上，父母之爱与两性之间的爱情有本质的不同。男女之间的爱情本质上要寻求一种回应，这是合情合理的，因为没有回应就无法实现其生物学功能。然而，父母之爱不需要孩子的回应，它是一种自然而纯粹的本能，孩子在父母的眼中就像是自己身体的延伸。如果你的大脚趾受伤了，你会出于自身的需要去照顾它，而不是指望它会感激你。我认为，即使在人类尚未进入文明时代时，一位母亲对她的孩子也有着非常相似的感情，她希望孩子幸福，如同希望自己幸福一样，尤其是在孩子还很小的时候。

照顾孩子就像照顾自己，母亲不会感到有任何额外的自我牺牲，这也是她不期待孩子感激的原因。只要孩子仍然不能照顾自己，被孩子需要就是令她满足的回应。随着孩子慢慢长大，母亲对孩子的感情减弱了，但对孩子的要求有可能增加。在动物界，幼崽长大的那一天就是父母之爱结束的日子，不会再有后续的要求，但人类就算是在原始时代也并非如此。当一个强壮的士兵的父母年老体衰时，他们会希望得到儿子的保护和赡养。这种情感在埃涅阿斯和安喀塞斯的故事[①]中就有所体现了，只不过它的文明程度更高而已，于是孝道应运而生，它存在于世界各地。

随着私有财产制和政府职能的扩展，孝道的重要性已不如往昔。几个世纪后，当人们逐渐认识到这一点，孝顺这种情感也就过时了。在现代社会，一个50岁的人可能在经济上仍然依赖80岁的父母，所以重要的还是父母对孩子的爱，而非孩子对父母的爱。当然，这主要适用于有产阶级，工薪阶级之间还保持着旧的关系。

---

① 埃涅阿斯和安喀塞斯的故事，指希腊联军利用木马计攻破特洛伊城之后，特洛伊王子埃涅阿斯背着失明的父亲安喀塞斯逃到意大利的故事，详见维吉尔的《埃涅阿斯纪》。

但即便是工薪阶级，随着养老金和其他社会保障措施的实施，旧的关系也在逐渐发生变化。因此，孩子对父母的爱不应再被看作一种基本的美德，而父母对孩子的爱是极其重要的。

此外，另一种情况因为精神分析学家的研究而引发了全世界关注的风险，尽管我对这些研究的解释持怀疑态度。我所说的风险与孩子对父亲或母亲的过度依恋有关。成年人以至于青少年都不应该一味地处于父母保护之下，否则他们将无法独立地思考或感受。如果父母比孩子强势，这种情况更容易发生。除了一些极端病态的案例外，我不相信存在所谓的“俄狄浦斯情结”[①]——儿子对母亲或者女儿对父亲特殊的爱。如果存在父母对孩子过度影响的情况，那通常是与孩子接触最多的父母一方—— 一般是母亲，这与性别差异没有关系。

确实也存在这样一种可能性：女儿反感母亲，同时很少见到父亲，她就会将父亲理想化。但在这种情况下，施加影响的是想象，而非父亲本人。理想化就是寻找借口来表达愿望，它是权宜之策，借口本质上与愿望

① 俄狄浦斯情结，一般指恋母情结，由弗洛伊德提出。俄狄浦斯是希腊神话中的忒拜王子，他命中注定要杀死生父，娶母为妻。

之间并无直接联系。父母的过度影响与此截然不同，因为与它相关的是现实生活中的人，而非虚构的形象。

与孩子日夜相处的成年人很容易在孩子的生活中占据主导地位，使他们成为自己的精神附庸，甚至在孩子成年后也是如此。这种依恋可以是理智上的，也可以是情感上的，或者两者兼有。前者的一个突出例子是约翰·斯图亚特·穆勒，他从不承认自己的父亲可能犯错。在一定程度上，理智受到早期环境的限制是常见的现象，很少有成年人可以超越父母或老师的指导形成自己的观点，除非受到外部的重大影响，他们才会因此改变自己的想法。穆斯林的孩子往往是穆斯林，佛教徒的孩子往往是佛教徒，几乎没有例外。虽然有些人可能会说，理智上的依恋是自然和正常的，但我更倾向于认为，要避免这种情况，只能通过特殊的教育来实现。必须避免家庭和学校对孩子过度的影响，因为在不断变化的世界中，固守老一辈的观念是极其危险的。不过，我现在主要想讨论的是情感和意志上的依恋，因为这与我们当前的主题更为相关。

精神分析学家以“俄狄浦斯情结”（我觉得这个名称令人误解）为名义讨论的那种罪恶，是因为父母过度期望孩子对自己的情感做出回应。正如我之前所述，我相信纯粹的父母本能不需要情感回应，孩子的依赖以及他们向父母寻求照顾和食物的事实就能让他们心满意足。一旦这种依赖消失，父母之爱也就消失了。在动物界，这种现象是常见的，它们的需求可以通过这种方式得到满足。但是人类几乎不可能有如此纯粹的本能。我已经讨论过军事和经济因素对家庭关系的影响，如与孝道相关的说教所表明的那些东西。现在，我将重点探讨父母本能的运作中纯粹心理方面困惑的两个来源。

当理性服从本能所带来的快乐时，第一种困惑就会出现。总的来说，本能驱使我们追求那些能带来积极结果的快乐行为，但行为的结果并不总是快乐的。吃饭是快乐的，但消化是不快乐的，尤其是当消化不良的时候。娇小可爱的婴儿是讨人喜欢的，而强壮独立的成年人则不再那么容易惹人喜爱。

具有原始母性的女性在哺乳期能从婴儿身上获得极大的幸福感，这种幸福感随着孩子逐渐学会自我照顾而逐步减弱。因此，为了维持这种幸福感，她们会不自觉地延长孩子的依赖期，同时推迟孩子独立自主的时间。俗语“被系在母亲的围裙带上”便是对这种现象的形象描述。

过去人们认为，为了摒弃这个坏习惯，男孩必须被送到学校。而对女孩来说，这不会被视为一个坏习惯，因为人们认为女孩柔弱和顺从是一种美德（尤其是富裕家庭的女儿），并希望她们结婚以后能像依恋父母一样依恋丈夫。但现实往往并非如此，关于岳母的笑话就是因为这种不如愿产生的。笑话的目的之一是阻止深入思考，而这种特殊的笑话更是极其成功地达成了这一目标。很少有人意识到，一个被培养成顺从者的女孩自然会依赖母亲，这使得她难以完全投入到与丈夫的关系中，而专一是幸福婚姻的关键。

第二种心理方面的困惑与弗洛伊德学派的观点更接近，它源于父母之爱中包含了适合两性之爱的元素。这里指的不是所有必须依赖于性别差异的东西，而是对某种特定情绪反应的期待。想要成为某人心中的唯一，并且觉得至少对于世上某个人的幸福来说，自己比其他任何人都更重要，这是性心理学的一部分，也是一夫一妻制得以实现的基础。当这种愿望缔造了婚姻，只有在满足了许多其他条件后才能产生幸福。

出于这样或那样的原因，文明国家的绝大多数已婚女性都没有从丈夫那里得到她们期望的温暖和关爱。面对这种情况，一些女性可能会转而在孩子身上寻求一种替代的情感满足，这种满足在本质上是不恰当的，因为它本应由丈夫来提供。这里并不是指任何具体的行为，只是在说某种紧张情绪、强烈感受、亲吻的快乐和过度爱抚。过去人们普遍认为，这是母亲爱孩子的非常正常且恰当的表现。事实上，正常与有害之间的界限非常微妙。某些弗洛伊德主义者甚至认为父母不应该亲吻和爱抚他们的孩子，这显然是荒谬的。孩子有权从父母那里得到温暖的照顾，这可以给他们带来一种快乐、无忧无虑的世界观，同时也是健康的心理发展所必需的。但是，这种爱应当被视为孩子们自然而然就能享受到的东西，就像他们呼吸的空气一样，而不是他们感到必须回报的某种情感负担。

核心问题在于与回应相关的问题。孩子会有某种自发的回应，这是好事，但这与他们主动去寻求与同伴建立友谊的行为是两回事。从心理学的视角来看，父母应该成为背景，孩子做事不应该是为了取悦父母。父母应为孩子的成长和进步而幸福，对于孩子以回应的方式所给予的任何反馈，都应该当作如同春天的好天气一般作为纯粹的、额外的收获而心怀感激地接受，而不是将其视为应得的。

无法从丈夫身上得到满足的女性，很难成为孩子心目中理想的母亲或教师。无论精神分析学家如何认为，父母本能与性本能之间确实存在本质区别，父母本能可能会受到适合性的情感因素的影响而受损。从心理学的视角来看，雇用单身女教师的习惯是一种非常不妥的行为。理想的女性教育者应该具备这样的特质：她的本能使她不会从孩子那里寻求自我满足，因为这种满足并不是孩子应该提供的。婚姻幸福的女性往往能够自然地做到这一点，而其他女性则需要有一种微妙的自我控制能力。当然，同样的原则也适用于男性，但这种情况在男性中较为罕见，这首先是因为他们的父母本能通常不强，其次是因为他们很少在性方面感到不满。

我们期待孩子用怎样的态度对待父母？这个问题需要我们有更深刻的理解。如果父母正确地关爱孩子，孩子自然会以父母所期望的方式作出反应。父母出现时，孩子就高兴；父母离开时，孩子就悲伤，除非他们专注于游戏；遇到身体或心理问题时，孩子会求助于父母；孩子敢于冒险，因为他们背后有父母的保护——尽管这种感觉几乎是无意识的，除非在面临危险时。孩子希望父母回答他们的问题，能消除他们的困惑，并帮助他们完成挑战性的任务。孩子不会意识到大部分父母为他们所做的事情，孩子爱自己的父母，不是因为父母为他们提供食物和住所，而是因为父母陪他们一起玩耍，教他们创造新事物，还告诉他们有关世界的故事。

孩子会逐渐意识到父母对自己的爱，但这种爱应当被视为理所当然。他们对父母的感情和对其他孩子的感情是完全不同的。父母做事应该考虑孩子，而孩子做事应该考虑自己和外部世界，这两者之间存在着根本的差异。孩子不必在与父母的关系中履行任何重要责任，他的责任就是长身体和学习。只要他这样做了，父母的本能就会得到安慰。

如果我给人留下了一种印象，即我在试图减少家庭生活中爱的分量或爱的自然表现，那么我应该道歉，这绝非我的本意。我只是觉得，爱有多种形态，夫妻之间的爱、父母对子女的爱以及子女对父母的爱，每一种都有其特点，将这些不同的情感混为一谈是不恰当的。我不认同弗洛伊德主义者在这个问题上已经掌握了真理，因为他们不承认这些情感在本能上存在差异，这使得他们在亲子关系上提倡一种禁欲的态度，因为他们认为父母和子女之间的任何一种爱都是不恰当的两性之爱。

我相信，除非面临极端困境，我们并不需要过度的自我约束。一对相爱的夫妻和他们的孩子应该能够按照他们内心的意愿去自然地行事。孩子需要丰富的想法和知识，而这些都能通过父母之爱获得。父母之间相互给予的关爱，绝不应该成为对孩子的要求。如果他们彼此都很幸福，就不会有这样做的冲动。只要孩子得到恰当的照顾，他们就会对父母产生一种自然的爱，这不会妨碍他们的独立性。我们追求的不是禁欲式的自我克制，而是本能的自由和扩展。当然，本能应该完全由理智和知识所引导。

我儿子2岁4个月大的时候，我离开家去了美国，在那里度过了长达3个月的时光。我不在的时候，他很开心；我回来的时候，他欣喜若狂。我看见他在花园门口急切地等着，一见到我就紧紧抓住我的手，开始向我展示各种他特别感兴趣的东西。我想听但不想说话，他想说话但不想听，这是两种不同但和谐的愿望。而轮到我讲故事时，他想听，我想讲，所以这两种愿望再次达到了和谐。只有一次，情况发生了逆转，那天全家人为我庆祝生日，那时他3岁6个月大。妻子鼓励他做点儿什么来让我高兴一下，而他最大的乐趣是听故事，所以他宣布，因为那天是我的生日，所以他会给我讲一个故事。这着实让我们感到惊喜，他连讲了十几个故事，最后跳下床，宣布："今天的故事结束了。"这件事发生在3个月前，但自那之后，他再也没讲过故事。

现在我想探讨一个更广泛的问题——爱与同情的本质。由于父母可能滥用权力，从而引发与子女的冲突，因此有必要在处理一般问题之前先对这些冲突进行探讨。

我们无法强迫孩子们产生同情或爱，唯一的途径是观察这些情感能够自然涌现的条件，然后尝试创造这些条件。毫无疑问，同情一部分是因为本能，如当孩子听到兄弟姐妹哭泣时，他们会非常着急，往往会跟着一起哭泣。如果成年人对孩子做了什么坏事，他们会团结起来强烈反对成年人。

有一次，我儿子的肘部受伤，需要进行包扎。他的妹妹（1岁半大）听到他在隔壁房间哭，显得非常难过。她一遍又一遍地重复着"强尼在哭，强尼在哭"，直到包扎完毕。还有一次，我儿子看到我妻子在用针挑出脚上的刺，他急切地说："妈妈，不疼。"妻子想教他不要大惊小怪，所以她说很疼，儿子坚持说不疼，而妻子坚持说疼。突然，儿子开始抽泣，随后放声大哭，仿佛那疼痛是发生在他自己身上一样。这样的情感肯定产生于本能的生理上的同情，这是建立更复杂的同情的基础。显然，要让孩子明白一个事实，那就是人和动物都能感觉到疼痛，而且在某些情况下真真切切地感觉到疼痛。除此之外，无须进行其他积极的教育干预。但还有一个不利条件，那就是不要让孩子看到他所尊敬的人表现出冷酷和残忍的行为。如果父亲猎杀动物，或者母亲斥责女佣，孩子就会染上这样的坏习惯。

何时以及怎样才能让孩子们理解世界上的罪恶，这是一个难题。在孩子成长的道路上，不可能不让他们接触战争、屠杀、贫穷和那些本可以预防但却被放任传播的疾病。到了某个阶段，孩子必须了解这些事情，并将相关知识与一个坚定的信念相结合——施加甚至允许任何本可以避免的痛苦，是十分罪恶的事情。这个问题与那些想要保持女性贞操的人所遇到的问题颇为相似。那些人原本以为女性在婚前应该对性一无所知，但如今她们采取了更加积极的做法。

我知道，某些和平主义者主张在历史教育中避免提及战争，并且认为应该让孩子在尽可能长的时间内不知道世界上存在暴行。我不认同这种基于无知的“与世无争的美德”。既然要教历史，那么就必须实事求是地去教。如果真实的历史与我们所倡导的道德观念相冲突，那么需要重新审视我们的道德观念。

我完全承认，许多人，包括一些高尚的人，觉得说实话很不方便，但这是由于他们的品性中存在一些弱点。在充分了解世界上正在发生的真实事件后，真正强大而健全的道德只会越来越强健。我们绝不可以冒这样的风险，让那些在无知中长大的孩子在意识到罪恶存在后，欣然开始犯罪。要想让他们放弃残忍的念头，就得让他们痛恨残忍；而要让他们厌恶残忍，首先必须让他们认识到残忍的存在。

然而，找到教育孩子认识罪恶的正确方法并不容易。那些生活在大城市贫民区的人可能很早就熟知了酗酒、争吵、家庭暴力等。如果这些和其他影响因素相互抵消，或许不会对他们造成太大的伤害。但明智的父母绝不会故意让年幼的孩子目睹这些场景。我认为，反对这样做的主要原因之一是这样的场景令人震惊，会给孩子之后的整个人生蒙上阴影。当一个毫无自卫能力的孩子第一次意识到自己有可能被虐待时，会感到深深的恐惧。当我大约14岁时，我第一次读《雾都孤儿》[①]，书中的情节让我很是震惊害怕。如果我那时更小一些，可能无法承受这样的冲击。

在孩子长大到能够以较为平和的心态面对世界的阴暗面之前，我们不应过早地向他们揭露这些残酷的现实。每个孩子的成长节奏不同，与那些性格冷漠或天生勇敢的孩子相比，那些富有想象力或天生胆小的孩子必须有更长的受保护期。在让孩子面对冷酷的事物之前，必须牢固地建立起他们因期待善良而无畏无惧的心理习惯。时间和方式的选择需要技巧和洞察力，这不是一条简单的规则就能决定的。

尽管如此，我们还是可以遵循一些基本原则。首先，像“蓝胡子”和“杀手杰克”这样的故事并不涉及任何真实的残忍内容，因此不会引发我们正在讨论的问题。对于孩子来说，它们是纯粹的幻想，他绝对不会以任何方式将这些与现实世界联系起来。毫无疑问，他从

---

① 《雾都孤儿》(*Oliver Twist*)，英国作家狄更斯在1838年出版的长篇写实小说，以19世纪的雾都伦敦为背景，讲述了孤儿奥利弗·特维斯特的悲惨身世和遭遇。

中获得的快乐与原始的本能有关，但这些本能在弱小的孩子身上只不过是一些无害的游戏冲动罢了，更何况随着孩子的成长，这些冲动会逐渐消失。

然而，当我们第一次与孩子谈论现实世界中的残忍行为时，必须谨慎选择那些能够让孩子将自己代入受害者而非施暴者的故事。如果孩子听到的故事让他们感觉自己可以以暴君自居，他内心的野蛮本能就会被激发，这样的故事容易培养出帝国主义者。而父亲虐待孩子、人们杀死一个小男孩的故事，却可以自然地引起孩子对受害者的同情。如果讲述这样的故事，其目的应该是展示过去的人们堕落到了何种残忍的地步。

我童年时期曾听过一次长达一小时的布道，布道的整个内容都在证明一件残忍的事是正当的。幸运的是，那时我已经足够成熟，足以识别出那位牧师是十分愚蠢的，否则我可能会被吓得魂不附体。如果这些残忍的故事是以“施暴者是道德高尚的人”为前提来讲述的，那么它们要么无法触动孩子，要么会大大降低孩子的道德标准。但如果把它们作为一种人类罪恶的导论来讲述，那就很有意义了，因为它们既生动又古老，而且纯属虚构，也可以这样去讲述《约翰王》[①]中赫伯特残忍地挖出小亚瑟眼睛的故事。

其次，历史教育可能会提到所有战争，但在描述战争时，首先应该同情战败者。如果让我来教授历史，我会从那些让人自然而然地支持战败者的战争讲起。举例来说，教英国孩子的时候，可以说说黑斯廷斯战役[②]，我将着重强调战争带来的创伤和痛苦，逐步引导孩子们在阅读战争内容时不带有任何偏向，而只是觉得双方都是任性的傻瓜，并且把战争比作幼儿园孩子们之间的争吵，说应该让保姆把他们带回床上，直到他们学好为止。这样一来，我相信孩子能够看清战争的真实面目，并懂得战争是愚蠢的。

若是有任何冷酷或残忍的真实案例引起了孩子的注意，那就应该深入讨论它们，运用成年人对这个案例所赋予的所有道德价值，并强调那些做出残忍行为的人是愚蠢的，他们的知识水平低是因为没有受过良好的教

---

① 《约翰王》(*King John*)，英国剧作家莎士比亚创作的一部英国历史剧，主要讲述英国历史上失败的约翰王一生的经历。

② 黑斯廷斯战役（Battle of Hastings），发生在1066年10月14日，英格兰国王哈罗德二世和入侵的诺曼底公爵威廉一世在黑斯廷斯地域进行的一场交战，结果英格兰军队战败，哈罗德二世本人也战死了。这场战役被认为是欧洲中世纪盛期开始的标志。

育。如果孩子在现实生活中没有遇到这些事情，我会避免让他注意到这些，直到他通过历史和故事熟悉了它们，然后我才会逐渐地向他介绍关于他周围世界的罪恶的知识。但我会不时让他觉得罪恶是可以战胜的，它源于无知、缺乏自制力和不良的教育。我不会鼓励孩子们对施暴者表示愤慨，宁愿他们将其看作不知道什么是幸福的愚蠢之人。

有了本能的开始之后，培养广泛的同情心就主要是一个理性问题：它要求我们正确地引导注意力，并深刻理解那些被军国主义者和独裁者所掩盖的事实。以托尔斯泰对拿破仑在奥斯特里茨战役[①]胜利后巡视战场的描写为例，大部分历史书只记载到战争结束就没了，而托尔斯泰只多写了半天战场的事情，就描绘出了一幅完全不同的战争景象。这是通过提供更多事实而不是隐瞒事实来实现的。同样的原则也适用于战争之外的其他形式的暴行。在任何情况下都没必要强调道德，只要正确地

---

① 奥斯特里茨战役（Battle of Austerlitz），又称三皇之战，是1805年12月2日法兰西帝国皇帝拿破仑指挥的法国军队与俄罗斯帝国、神圣罗马帝国之间的一场战役。最终法国军队取得了决定性胜利，神圣罗马帝国灭亡。俄罗斯作家列夫·托尔斯泰在小说《战争与和平》中生动地描述了这一历史性战役。

讲故事就够了。与其说教，不如让事实本身所蕴含的道德在孩子们的心中生根发芽。

再多说几句关于爱的话，爱不同于同情，它必须在本质上具有选择性。我已经探讨了父母与孩子之间的爱，现在我想思考平等地位的人之间的爱。

爱无法被创造，只能被解放。有一种爱根植于恐惧，对父母的爱就包含着这样的恐惧，因为父母提供保护。这种爱在童年时期是自然的，但在以后的人生中则是不可取的。况且就算是在童年时期，对其他孩子的感情也不属于这种类型。我女儿爱她的哥哥，尽管在她的世界中，他是唯一欺负过她的人。真正的爱，建立在平等和相互尊重之上，它在没有恐惧、充满幸福的环境中更有可能存在。不管有没有意识，恐惧都很容易滋生厌恶，因为在恐惧者眼中，其他人都可能会伤害自己。

根据目前的情况可以发现，嫉妒常常阻碍人们实现博爱。在我看来，嫉妒只能通过幸福来避免，道德训练无法触及它的潜意识形式。相反，幸福则主要受到恐惧的阻碍。有机会获得幸福的青年男女常常遭到父母或朋友以道德为名、实则出于嫉妒的阻碍。如果这些青年男女足够勇敢，就会无视那些抱怨的人，否则，他们就会自甘堕落，与那些被嫉妒的道德家为伍。

我们一直在探讨的品格教育旨在创造幸福和勇气，因而我认为品格教育为释放爱的源泉做了能做的一切。除此之外，我们能做的并不多。如果你告诉孩子，做一个有爱心的人是他的责任，那么你就会有培养出伪善之人的风险；但如果你让他们快乐自由，并让他们处于友好的氛围中，你会发现，他们自然就会善待每个人，并且通常会得到他人的友好回应。一种真诚善良的性格可以证明自己的价值，因为它散发出不可抗拒的魅力，并能激起预期的反应。这是通过正确的品格教育有希望获得的最宝贵的成果之一。

第 10 章 /

如何对孩子进行性教育

养育的基本

性的话题被迷信和禁忌所笼罩，谈论它可能会让人感到不自在。我担心要是将我提出的各种原则用到这个领域上，那么到现在为止一直接受这些原则的读者会对它们产生怀疑。他们可能已经认同无畏和自由对孩子有好处，但一旦涉及性，他们仍然希望孩子保持顺从和恐惧。但我无法因此对自己觉得完全正确的原则进行限制，我要像对待人类其他天性一样对待性。

性有一个与禁忌无关的特征，那就是性本能是晚熟的。正如精神分析学家所指出的那样（尽管有些夸张），性本能在儿童时期并非完全不存在，但它在儿童时期与在成人时期相比力量要弱得多，而且一个男孩在身体方面也不可能以成人的方式去放纵。青春期是一个充满情绪波动的时期，这些波动对智力发展有着深远的影响，这给教育者带来了诸多难题。

我不打算对这类问题的许多方面进行讨论，我主要关注的是青春期之前应该采取的措施。在这方面，教育改革是最紧迫的，特别是在婴幼儿时期。尽管我对弗洛伊德学派的许多具体观点持有不同意见，但他们曾指出，在幼儿性问题上处理不当将导致他们未来的精神障碍。在我看来，这种观点是一种宝贵的贡献。他们的工作在这方面已经取得了普遍有益的成果，但仍存在许多偏见需要克服。尤其是在孩子出生后的最初几年，孩子主要由完全缺乏相关知识的女性照顾，这大大增加了克服偏见的难度，因为没法儿指望她们去了解乃至相信学者们所说的话，而学者们为了避免自己的观点被指控为淫秽内容，又不得不以冗长而曲折的方式表达出来。

从时间顺序来看，母亲和保姆会遇到的第一个问题是手淫。有权威专家指出，这种行为在2～3岁的孩子中较为常见，但之后通常会自行消失。有时，它会由于某些可以避免的特定身体刺激而表现得更加明显（我无法讨论医疗细节）。但就算没有这些特殊原因，手淫也时常发生。人们习惯性地认为手淫很可怕，所以要用可怕的威胁来阻止这种行为。虽然孩子相信了这些威胁，但这些威胁往往不奏效，结果孩子生活在持续的恐惧和焦虑之中。这种恐惧很快就会从最初的起因中脱离出来（此时，它会因受压抑而进入潜意识），进而引发噩梦、紧张、幻觉和心悸等问题。

若你顺其自然，儿童时期的手淫显然对健康并没有不利影响[①]，也没有证据表明手淫对品性有负面影响。实际上，在这两个方面观察到的负面影响似乎完全是由于试图阻止手淫的努力而产生的。就算手淫有害，发布一项不会被遵守的禁令也是不明智的。更何况，从这件事的性质来看，一旦你开始禁止它，并不能保证孩子就会停止这种行为。若你不去理睬，这种行为可能很快就会停止。但若你选择干预，将大大降低停止手淫的可能性，并为孩子患上严重的神经衰弱埋下祸根。因此，最好让孩子们在这方面自己处理，尽管这对家长来说是一种挑战。

我没有说除了禁令什么都做不了。等孩子困了再让他上床睡觉，这样他就不会长时间醒着躺在床上。在床上放几件他最喜欢的玩具，以此吸引他的注意力，类似这样的方法完全无可非议。如果这些温和的方法没有成功，也不要使用严厉的禁令，甚至不要让孩子意识到他对这种行为上瘾的事实，那么手淫很可能就会自行停止。

① 在极个别的案例中，手淫会造成轻微的伤害，但这很容易治愈，其带来的后果并不比吮吸拇指所造成的后果更严重。——作者注

性方面的好奇心一般会在3岁时出现，主要表现为对男女之间以及成人和儿童之间的身体差异的兴趣。从本质上讲，这种好奇心在幼儿时期并不特别，只是一种普通的探索欲望。在传统教育背景下成长的孩子中，这种好奇心之所以显得特别，往往是因为成年人的故弄玄虚而引发的。如果没有神秘，好奇心一旦被满足就会消退。应该从一开始就允许孩子在自然的情况下看到父母和兄弟姐妹的裸体。总之，不要大惊小怪，孩子并不知道人们对裸体有感觉（当然，他以后会知道）。可以看出，孩子很快就可以注意到父母之间的不同之处，并将其与兄弟姐妹之间的不同之处联系起来。然而，一旦这个主题被探索到这种程度，它就像一个被频繁打开的橱柜一样失去吸引力。当然，在孩子提出相关问题时，我们应该像对待其他问题一样，给予他们适当的回答。

回答问题是性教育中不可或缺的一环。我们应该遵循两个基本原则：首先，始终以贴合实际的方式回答问题；其次，应该像对待其他知识一样平等地对待性知识。如果孩子问了一个关于太阳、月亮、云彩、汽车或蒸汽机的聪明问题，你会欣喜若狂，并根据他的理解能力尽可能详细地解释。在早期教育中，这种回答问题的方式占据了很大比重。但如果他问你一个关于性的问题，你会情不自禁地说“闭嘴”，即便你知道不应该这样做，你的答案也会简短乏味，甚至略显尴尬。孩子能够迅速察觉到这种微妙的差异，这样你就为色情心理的滋生创造了条件。对待这个问题，你应该像对待其他事情一样，提供充分而自然的回答。即使在潜意识中，我们也不应将性视为可怕和淫秽的事物。否则，你的感觉就会自动传递给孩子，他一定会觉得自己父母之间存在某种肮脏的关系，以后他则会坚定地认为父母觉得导致他出生的行为是不好的。童年的这种感受使得本能的幸福感几乎不可能产生，不仅在青春期，乃至在成年后也是如此。

当孩子成长到一定年龄，如3岁之后，如果他们即将迎来一个弟弟或妹妹，这时他们可能会开始询问有关分娩的问题。我们可以告诉他婴儿是在母亲的身体里长大的，同时告诉他，他也是这样长大的。让他看自己的母亲给婴儿哺乳，告诉他同样的事情也曾发生在他身上。所有这些关于性的知识，都应该用科学的视角来解释，无须将其夸大或神秘化。永远不要和孩子说什么“母亲神秘而神圣的功能”，整个事情都应该完全基于事实。

如果孩子已经到了能够提出关于分娩问题的年龄，即使家中没有新成员出生，我们也可以利用这个机会，通过讲述他们出生前的故事来引入这个话题。直到现在，我儿子还是很难理解自己曾经不存在的概念。当我和他谈论金字塔的建造这样的历史事件时，他总是好奇自己当时在做什么。当我告诉他他那时还不存在时，他会感到困惑。他迟早会想知道“出生”是什么意思，我们到时候再告诉他。

在解释生育过程时，人们很少提及父亲的角色，除非孩子住在农场里。但重要的是，孩子最开始的时候应该从父母或老师那里学习相关知识，而不应该从那些因缺乏正规教育而变得淫秽的同伴那里进行了解。我记得在我12岁时，我从一个男孩那里学到了这件事。他粗暴地对待整件事，把它当作荤笑话的素材。这是我这一代男孩的典型经历，这种经历会自然地引发一个后果：许多人终其一生都将性视为可笑和淫秽的，这使得他们无法尊重自己的性伴侣，即便她是他们孩子的母亲。

尽管父亲们肯定记得他们最初是怎样了解性知识的，但父母们依然采取一种被动和回避的态度。我难以理解这些家长怎么会认为这样的做法会帮助孩子保持心理健康和品行端正。性从一开始就应该被视为是自然的，否则就会损害男女关系和亲子关系。理想的性状态存在于彼此相爱且爱自己孩子的父母之间。让孩子从父母的关系中了解性，比让孩子从荤笑话中获得对性的第一印象要好得多。最糟糕的情况是，让孩子觉得父母之间的性生活就如同一个不可告人的秘密。

如果孩子没有被其他孩子带坏的风险，在性教育问题上，家长可以允许孩子自然地表达他们对性的好奇心，只需回答问题即可——前提是确保孩子在进入青春期之前已经获得了必要的知识，这是非常关键的。让一个孩子在那段时间里突然承受身体和情感的变化，这不仅是一种残忍的做法，还可能会让他们觉得自己患上了某种可怕的疾病。此外，在青春期之后，关于性的话题将变得十分令人兴奋，以至于孩子们无法以科学的态度去聆听回答，但在青春期之前是完全可行的。因此，除了保护孩子远离污秽的言语，还应该确保孩子在青春期前就了解性的本质。

孩子应该在青春期前多久了解性知识则应视具体情况而定。好奇心强、思维活跃的孩子应该比思维迟钝的孩子更早地了解。无论孩子的年龄多大，只要他们提出问题，就应该得到回答，这是满足他们好奇心的重要方式。而且父母应该表现出开放的态度：孩子可以问他想知道的一切。然而，如果他不主动提出问题，那么不管怎样也应该在10岁之前向他解释，以防止他被别人以有害的方式提前告知。通过讲解动植物的繁殖过程激发他的好奇心或许是可取的，但千万别过于严肃。你可以清清嗓子，说出这样的开场白："孩子，现在我想告诉你一些你该知道的事情了。"整个事情应该被视为一件稀松平常的小事，这就是最好采取问答方式进行的缘由。

在性别平等方面，我认为现在已经没有辩论的必要。当我还是个孩子的时候，受过教育的女孩在对婚姻本质一无所知的情况下步入婚姻是常有的事，她们不得不从丈夫那里了解这一切。但近年来，我已经很少听说这样的事了。我想现在大部分人都承认，基于无知的美德是毫无价值的，女孩和男孩同样有求知的权利。如果仍有人对此持有异议，他们就不太可能读我的书，因此不值得与他们争辩。

我并不打算深入探讨狭义的性道德教育，这个议题确实存在诸多争议。不同的宗教和信仰体系，如天主教徒与接受离婚的新教徒，以及自由思想家与那些坚守中世纪传统的人，在性道德观念上都有各自不同的看法。父母自然希望按照他们所信仰的性道德观念来教育孩子，对此，我认为政府不应干预。然而，撇开这些有争议的问题，还有许多事物可以成为人们共同的关注。

首先是卫生问题。年轻人在面临感染性病的风险之前，就应该对性病有所认识。我们应该提供准确、基于事实的性病知识，避免像某些人那样出于道德说教的目的而夸大其词，造成不必要的恐慌。教育内容不仅要包括如何预防性病，还应该涵盖性病的治疗方法。只提供那些道德完美者需要的指导，而忽视了其他人可能面临的不幸，这种态度是错误的，就像我们不能因为认为粗心驾驶是一种罪过，就拒绝帮助那些在交通事故中受伤的人一样。在这两种情况下，惩罚都可能落在无辜者身上。正如我们不会认为被粗心司机撞倒的行人是有罪的，我们也不能认为患有先天梅毒的儿童是有罪的。

年轻人需要明白，生育是一项重大的责任，它不应该被轻率对待。在考虑生育之前，必须确保能够为孩子提供一个健康和快乐成长的环境。传统观念往往认为婚姻中的生育是自然而然且正当的，哪怕这可能以牺牲母亲的健康、孩子可能面临的健康问题或智力发育不足，以及家庭可能缺乏足够资源来养育孩子为代价。然而，现在只有那些顽固的教条主义者还在坚持这种观点。现代社会中，越来越多的人开始反对这种无情的教条，转而关注儿童的权利和福祉。那些真正关心儿童或不忍心看到弱者受苦的人，都认为应该对可能导致不必要痛苦和折磨的观念提出质疑。儿童的权利和价值，以及与之相关的一切，都应当成为我们道德教育中不可或缺的部分。

女孩们应该被鼓励去期待和准备可能成为母亲的角色，并掌握一些对母亲和婴儿都有利的基本知识。同时，男孩和女孩都应该接受生理和卫生方面的教育。他们需要理解，仅有父母之爱是不够的，养育孩子还需要大量的知识。本能虽然重要，但没有知识的本能是不足以培养孩子的，同样地，仅有知识而缺乏本能也是不全面的。对知识的理解和掌握，可以让女性更加深刻地感受到成为母亲的吸引力和重要性。目前，有些受过高等教育的女性可能会低估母亲角色的价值，认为它限制了她们展示个人能力的机会，这是一种不幸的误解。如果她们能够改变这种看法，她们完全有能力成为杰出的母亲，将教育和母性角色结合起来，为孩子提供最好的成长环境。

在两性之爱的教育中，还有一项关键的课题不容忽视。嫉妒不应被看作捍卫权利的正当理由，而应被看作嫉妒者自身的悲哀和被嫉妒者的不幸。当爱情被占有欲所侵蚀，它就会失去生命力，吞噬人性。相反，真正的爱情能够丰富人性，给生活带来更多色彩。

从前，父母宣扬爱是一种义务，这种做法常常损害了他们与孩子之间的关系；如今，夫妻之间也常常因为同样的错误而破坏彼此的关系。爱不能成为义务，因为意志无法支配它。爱是来自上天的礼物，是最美好的赐予。只有自由且自发的爱情才可以展现出美好和欢乐，那些囚禁爱情的人破坏了这些东西，在这种情况下，恐惧再次成为敌人，那些害怕失去幸福的人其实已经失去了幸福。与其他时候一样，在这种情况下，无畏才是智慧的本质。

因此，在教育我自己孩子的过程中，我会尽力避免让他们学习那些我认为不良的道德规范。有些思想自由的人希望他们的孩子首先接受传统道德，认为孩子将来能够摆脱这些束缚——如果他们能做到的话。我不同意这种做法，因为我认为传统的道德规范不仅禁止了许多无害的事情，而且还支持了一些有害的事情。

家长和老师对性应该持有一种科学的态度，而不是情绪化或教条化的。例如，当母亲和女儿讨论这个问题时，应该"让她敬畏地讲述大自然的意志"；同样，当父亲向儿子解释这个问题时，"父亲应该敬畏地对自然开启新生命的意愿进行解释"——认为此种说法不包含任何可疑内容的读者，不妨忽视这些。但在我眼中，这样的场合不应该比解释蒸汽机结构的时候带有更多的"敬畏"（reverence）。

"敬畏"意味着一种特殊的语气，孩子可以从中推断出性具有某种与众不同的属性，从这里到色情和下流只差一步。只有当我们不再区别对待关于性的问题和其他问题时，才可以确保自己在这个问题上的体面。我们决不能提倡那些毫无根据且受到最公正的学生质疑的教条，如"成年后理想的两性关系是一夫一妻制婚姻，并且双方都应保持绝对忠诚"，这个观点可能是对的，也可能是错的，目前并没有足够的证据来证明这是真理。如果我们把它作为一种不容置疑的事实来教授，就等于放弃了科学态度，而且不遗余力地阻止对一个最重要的问题的理性思考。只要教育者坚持这种教条主义，就不能指望他们的学生能够以理性和客观的态度对待任何让他们做出激烈反应的问题，而取代理性的必然是暴力。

第 11 章 /

应该为孩子选择怎样的幼儿园

养育的基本

在前几章中，我尽力描述了培养孩子将来能够获得幸福和受益的习惯。但我还没有讨论下面这个问题：这种培养是由家长来进行，还是由专门为此目的而设计的学校来进行？依我之见，支持幼儿园的理由绝对是压倒性的——幼儿园不仅是为贫穷、缺乏教育、劳苦家庭的孩子设立的，也是为所有孩子，至少是为所有居住在城市的孩子设立的。我相信，在玛格丽特·麦克米伦[①]小姐于德普特福德创办的幼儿园里，孩子们所接受的教育质量将超越目前所有富裕家庭孩子所能得到的教育。我期望看到这样的幼儿园能够惠及每一个孩子，无论他们来自贫穷还是富有的家庭。但对所有现实的幼儿园进行讨论之前，让我们先看看为什么应该建立这样的机构。

首先，不管是在医学领域还是在心理学领域，幼儿

① 玛格丽特·麦克米伦（Margaret McMillan，1860—1931），英国近代幼儿教育史上的先驱人物之一，一直在英国的布拉德福德、德普特福德等贫困地区推行教育工作。

期都不容忽视。这两个方面紧密交织在一起。举例来说，恐惧会导致孩子呼吸困难，呼吸困难则容易引发各种疾病[①]。这种身心之间的相互关联非常复杂，如果没有一定的医学知识，就很难培养孩子的良好性格；同样，如果没有心理学知识，也难以培养孩子的健康体质。在这两个领域中，许多必要的知识都是相对较新的，并且有些与长久以来被尊重的传统观念相悖。以纪律问题为例，与孩子争吵时，一个重要的原则是不要让步，但也不要惩罚。一般的家长有时会因为孩子太烦、受不了而选择让步，有时又会因为太生气而惩罚孩子。正确的做法需要劳心费力地将耐心和启发能力结合起来，这是心理学方面的一个例子。通风则是医学方面的一个例子，如果父母细心且明智，孩子们就可以享受白天黑夜不断流通的新鲜空气，而且不用穿太多衣服；但如果父母缺乏关心和智慧，孩子们将不可避免地面临感冒的风险。

照顾幼儿是一门全新且困难的艺术，不能指望父母拥有所有必要的技能和足够的时间。对文盲父母来说，

① 《幼儿园》(*The Nursery-School*), Margaret McMillan, Dent, 1919: 197.——作者注

情况尤其如此：他们不知道正确的方法，就算教他们这些方法，他们也会持怀疑态度。我住在海边的一个农业区，这里很容易获得新鲜食物，气候既不太热也不太冷。我之所以选择这个地方，主要是因为这里的自然条件非常适合孩子的健康成长。然而当地的孩子们——无论是农民的孩子、店主的孩子还是其他家庭的孩子——基本上都面色苍白，缺乏活力，因为他们吃得太多，但缺乏足够的户外活动。他们从不去海滩，因为在水边玩耍被认为是危险的。即使在炎热的夏季，他们在户外也总是穿着厚厚的毛皮大衣。如果他们在玩耍时吵闹，大人就会设法让他们保持“得体”。但他们被允许熬夜，吃各种不健康的零食。他们的父母不明白为什么自己的孩子既没有伤风也没有被冻着就早逝，但任何实际教训都没法儿让他们相信自己的方法需要改进。他们既不贫穷，也不缺乏父母之爱，但因为没有受过良好的教育，所以他们无知而固执。与城市中那些贫困且忙碌的父母相比，这些缺点的危害更为严重。

即便对于那些受过良好教育、尽职尽责且工作不那么繁忙的父母来说，他们的孩子在家中也无法获得与幼儿园相同的教育体验，他们无法与其他同龄人建立伙伴关系。这些家庭一般都是小家庭，这种情况下，孩子很容易受到父母的过度保护和关注，以至于有可能变得神经质和早熟，更何况父母也缺乏能够自信地管理许多孩子的经验。只有富裕的家庭才有能力为孩子提供最理想的空间和环境，如果这些条件专门为某个家庭的孩子提供，就会助长孩子的虚荣心和优越感，这对孩子的道德发展是不利的。鉴于这些考虑，我认为只要附近有合适的学校，就算是最称职的父母也应该把2岁以上的孩子送到那里，至少让孩子一天中的部分时间在那里度过。

目前，根据家庭的经济状况，存在两种类型的幼儿园：一种是福禄贝尔[①]和蒙台梭利这种专为富裕家庭的孩子开设的学校，另一种是少数专为贫困家庭的孩子开设的幼儿园。后者最广为人知的就是麦克米伦小姐开办的学校，前文提及的她的著作中介绍了这一点，每个关爱孩子的人都应该读一读这本书。

我倾向于认为，在现有的为富家子弟开设的学校中，没有一所能与麦克米伦小姐的学校相提并论，这不

① 福禄贝尔（Friedrich Fröbel，1782—1852），德国教育家，现代学前教育的鼻祖，创办了第一所被称为“幼儿园”的学前教育机构，著有《孩子的天性》《幼儿园教育学》等。

仅因为她的学校有更多的孩子，还因为她不需要理会那些自以为了不起的中产阶级对老师的无理指责和批评。

她的目标是尽可能将孩子从1岁照顾到7岁，尽管教育当局通常建议儿童年满5岁就该进入正规小学。孩子们早上八点到校，一直待到下午六点，一日三餐都在学校吃。她强调孩子们应该尽可能多地在户外进行活动，同时在室内也要保证有充足的新鲜空气。孩子在入学前都得接受医学检查，如果存在疾病，就尽可能在诊所或医院接受治疗。因此，几乎所有进入学校的孩子都能保持健康。学校里有一个美丽的大花园，孩子们经常在那里玩耍。教学普遍采用蒙台梭利教学法。晚饭后，孩子们会按时上床休息。尽管在晚上和周末，孩子们不得不待在贫穷的家里，甚至与醉酒的父母共同住在地下室，但他们的体格和智力发展并不逊色于那些来自中产阶级家庭的孩子。下面是麦克米伦小姐对她学校里7岁学生的描述：

> 这些孩子大多都长得高大挺拔。即便身高不是特别突出，他们也会昂首挺胸，展现出自信。他们通常拥有强健的体魄、匀称的体型、干净的皮肤、

明亮的眼睛和柔软的头发。平均来看，他们的体格甚至超过了那些条件优越的孩子。

精神上，他们聪明、友好，对生活充满希望，渴望探索新事物。他们能够流利地阅读和拼写，写作能力出色，可以流畅地表达自己的想法。他们不仅英语和法语说得好，还能独立自主，多年来还帮助比他们年幼的孩子。此外，他们还掌握了计算、测量和设计的技能，为学习科学知识做了充分的准备。刚入校的那几年里，他们在充满爱、和平和乐趣的气氛中度过，最后两年则是有趣的体验和尝试。他们了解如何照料花园中的动植物。7岁的孩子们还会跳舞、唱歌，参与各种游戏。

数千名这样的儿童即将进入小学，应该如何对待他们？我想说的第一件事是，这些来自社会底层但健康、活泼的年轻生命如雨后春笋般涌现，必将改变小学教师的工作方式。幼儿园要么是一个一文不值的地方，换句话说，成为一种新的失败，要么它很快就会对中小学教育产生影响。它将培养出一种有待教育的新型儿童，这不仅早晚会影响到所有学校，还将影响我们的社会生活，影响为人民构建的政府和法律类型，甚至影响我国与其他国家的关系。

我认为这些说法并非夸大其词。如果幼儿园被普及，就可以在一代人的时间里消除教育上的巨大差异，这种差异目前加剧了不同阶级的分化；它将使所有人都共享精神和身体的发展，这种发展目前只有少数幸运者才享有；我们将减轻疾病、无知和邪恶所带来的沉重负担，这些负担严重阻碍了社会的进步。根据英国1918年颁布的《费舍教育法》，幼儿园本来应该由政府资助以推动建设。

但在“格迪斯大斧”[①]被推出后，政府又认为建造巡洋舰和新加坡港口以有利于对日本作战这件事更为紧迫。此后，政府每年花费65万英镑进口自治领[②]生产的含有防腐剂的黄油和培根，而不是购买丹麦的纯黄油，并鼓励人们去吃这些有毒食品。为了实现这一目标，我

① “格迪斯大斧”（Geddes Axe），指英国20世纪20年代推出的大幅削减政府支出的政策，以联合派大臣埃里克·格迪斯爵士的名字命名。

② 自治领是英国殖民地制度下一个特殊的国家体制，代表了殖民地向完全独立过渡的关键阶段。除内政自治外，自治领还有自己的贸易政策、有限的自主外交政策，也有自己的军队，但没有宣战权。

们的孩子不得不承受疾病、苦难和无知的煎熬。如果我们能够将这笔资金投入到幼儿园教育中，那么将有大量孩子幸免于难。现在母亲们已经有了投票权，她们是否会有一天意识到如何利用这一权利来为自己的孩子争取更好的未来？①

抛开这些一般的理论不谈，我们还必须理解：恰当地抚育孩子是一项对技能要求很高的任务，我们不能假设父母自然而然就能胜任，而且这项任务与孩子将来在学校接受的教育大相径庭。麦克米伦小姐的话再次为我们提供了深刻的见解：

> 幼儿园里的孩子身体非常健康。不仅贫民窟邻居家的孩子远远不如他们，甚至连所谓的“上等人”（betters），也就是生活在富裕地区的体格健壮的中产阶级儿童也不如他们。很明显，孩子需要的不单是父母的爱和责任。仅凭经验去照顾孩子是行

① 尽管麦克米伦小姐出生在美国，而据我所知，和英国相比，美国的幼儿园更不被重视。但因为美国不像欧洲一样存在财政危机，所以幼儿园可能会在那里变得普遍。奥谢（M. V. O'Shea，美国威斯康星大学教育学教授）的书（指1924年奥谢监督出版的*The Child: His Nature and His Needs*，后文同）中没有谈论到幼儿园，尽管从第182页的评论中可以清楚地看出幼儿园的必要性。——作者注

不通的，缺乏知识的父母之爱也是行不通的。但儿童教育并没有失败，这是一项需要专业技能的工作。

关于资金问题，麦克米伦女士表示：

目前，一所拥有100名孩子的幼儿园的人均运营成本为每年12英镑，就这个金额而言，就算是最贫困地区的家长也能负担三分之一。聘请学生当员工的幼儿园需要花费更多，但大部分增加的费用是支付给这些未来教师的薪酬和生活费。一个拥有大约100名孩子和30名学生员工的户外幼儿园和培训中心，每年运营所需费用约为2200英镑。

不妨再引用一段：

幼儿园的显著优势在于它能使孩子在更短的时间内完成当前的课程内容。如此一来，等他们在如今的小学念到一半或三分之二的时间后，就可以迈向更高层次的知识学习了……简而言之，如果幼儿园不仅仅是一个为5岁以下儿童提供看护的地方，而是一个真正的教育场所，那么它将对我们整个教育体系产生深远且迅速的影响，显著提升各级学校能够达到的教育和文化水平。在这一过程中，小学将首先受益。幼儿园的成功将证明，我们生活的这个充满疾病和痛苦、混乱不堪的世界，这个让教师不如医生重要的世界，其中有关教育的痛苦和混乱是可以被消除的。它将使人们把这样的学校视为怪物：厚厚的围墙、紧闭的大门、坚硬的操场、黑暗而巨大的教室——它们本来便是怪物。幼儿园的发展还将为教师们提供机会。

幼儿园的地位介于早期的性格培养和后期的学校教育之间，在幼儿园，这两件事是齐头并进、相辅相成的。随着孩子们逐渐长大，学校教育在他们生活中所占的比重会逐渐增加。蒙台梭利女士正是在一个具有类似职能的机构中完善了她的教学方法，在罗马的一些宽敞的经济公寓里，为3～7岁的儿童专门设立了大房间，而蒙台梭利女士就被委托管理这些“儿童之家”[①]。就像

① 《蒙台梭利教育法》(*The Montessori Method*), Montessori, Heinemann, 1912: 42. ——作者注

在德普特福德一样，这些孩子来自贫困的家庭，结果也表明，恶劣的家庭条件对儿童身心健康的负面影响可以被早期的关爱所抵消。

值得关注的是，自塞甘[①]时代以来，幼儿教育方法的进步很大程度上得益于对智力障碍的研究。从某些方面来说，这类人的心智仍处于婴儿阶段。我相信，之所以需要采取这种迂回的做法，是因为人们认为不应该责备智力障碍者的愚蠢，也不能通过惩罚来对他们进行治疗。没有人会认为阿诺德博士的鞭子可以治愈他们的懒惰，因此，他们得到了科学的而非愤怒的对待。即便他们无法理解，也不会有愤怒的老师对他们大发雷霆，责备他们应该感到羞耻。如果人们能够以一种科学的态度来对待儿童教育，而不是仅仅依赖道德说教，那么许多与儿童教育相关的方法和知识可能会更早被发现，而不必先从研究精神缺陷开始。“道德责任”的观念得为许多罪恶“负责”。

设想有两个孩子，一个有幸上了幼儿园，另一个则在贫民窟中挣扎求生。如果第二个孩子长大后不像第一

① 塞甘（Edouard Seguin，1812—1880），法国精神科医生、教育家，因对认知障碍儿童的研究而出名。

个孩子那么体面，那么他应该承担“道德责任”吗？由于无知和疏忽，他的父母未能给予适当的教育，那么父母是否应该为此承担“道德责任”？富裕家庭的孩子们在贵族学校接受教育，变成极端自私和不明是非的小人，以致他们宁愿自己纵情享乐地生活，也不愿去创造一个幸福的社会，那么他们应该承担“道德责任”吗？所有这些人都是环境的受害者，他们的性格在童年时被扭曲，理性又在学校被削弱，他们本可以免于这些不幸，但仅仅因为他们不够幸运就去肆意指责他们，认定他们应该在道德上负有责任，这无济于事。

教育的进步，如同其他人类事务一样，唯一的途径是由爱引导的科学。没有科学，爱是无力的；没有爱，科学可能是有害的。所有对改善儿童教育方面的贡献都是由那些关心孩子的人做出的，都是那些充分意识到科学在这个问题上有巨大益处的人做出的。这是我们从女性高等教育中获得的好处之一：在过去，科学和对孩子的爱共存的可能性要小得多。科学赋予我们塑造年轻人心灵的力量，这是一种非常可怕的力量，如果被滥用，将产生一个比无序的自然界更冷酷、更残忍的世界。

借由传授宗教、无畏精神和革命热情的幌子，孩子可能会被培养成盲从、好斗和残酷的人。教育必须以爱为激发点，必须以培养孩子的爱为归宿。否则，科学技术越先进，教育带来灾难的可能性就越大。关爱孩子已经作为一种积极力量存在于社会中，婴儿死亡率的降低和教育的改善就是明显的证明。这种力量还很脆弱，否则政治家就不敢为了实施自己杀人和压迫的罪恶计划而牺牲无数孩子的生命和幸福，不过它们毕竟存在着，而且正在变得更加强大。而其他形式的爱却显得稀缺。

有些父母虽然爱自己的孩子，却也期望他们将来在战场上牺牲，这纯粹是集体精神错乱。将对孩子的爱慢慢扩展到对他即将成长为的大人的爱，这难道是一种奢望吗？爱孩子的人是否可以学会在孩子长大后继续给予他们同样的父母式的照顾？我们是否应该让孩子在拥有强壮的身体和丰富的精神之后，利用他们的体力和精力来创造一个更美好的世界？或者，当孩子开始做某件事时，我们是否因恐慌和不安而试图重新控制和训练他们？科学对这两条路都没有偏向，选项中有爱有恨，但恨总是会动用一切表面光鲜的言辞来粉饰自己，而这些言辞常常得到道德学家的推崇。

第❷篇

智力培养

学校应该教什么？应该如何教学？这两个问题紧密相连，因为更好的教学方法可以让学生学到更多知识。

第 1 章 /

如何让孩子主动学习知识

养育的
基本

到目前为止，品性培养一直是我们讨论的主题，这主要是婴儿期的问题。若实施得当，应该在孩子6岁时基本完成。我并不是说孩子的品性在6岁以后就不会发生变化，恶劣的条件或环境在孩子的任何年龄都可能对其品性产生负面影响。我的意思是，只要给予适当的环境关注，那些接受过正确早期教育的孩子，在6岁之后应该已经具备了引导他们走向正确道路的习惯和愿望。

如果一所学校的所有学生在生命的前6年都得到了正确的培养，那么只要学校的教师具备一定的智慧，就可以创造出一个良好的环境。在道德问题上不必花费过多的时间和精力，因为孩子们需要的其他美德应该是纯智力训练引发的自然结果。我并不是断定这是一条绝对的法则，而只是把它当作指导学校主管部门的原则，让他们知道应该关注哪些问题。我坚信，如果孩子一直被妥当地照顾到6岁，那么学校最好去关注纯粹智力的培养，以此促进更优秀品性的进一步发展。

让道德考量影响教学，这对智力乃至最终对品性来说都有害。不应该认为某些知识是有害的，某些无知是有益的。知识的传授应当以智力发展为目标，而不是为了支持或证明某个道德或政治立场。对学生来说，教学一方面是为了满足他们的好奇心，另一方面是为了传授给他需要的技能，以便他能够独立地满足自己的好奇心。对教师而言，教学也必须是为了激发某种能够有所收获的好奇心，就算学生的好奇心与学校课程不直接相关，也绝不能阻止他。我并不是提倡中断学校的课程，而是说应该鼓励和欣赏这种好奇心，告诉他们在课堂之外如何满足这种好奇心，如在图书馆看书。

说到此处，难免有人产生疑问，这种疑问肯定从最开始就存在，那就是如果一个男孩的好奇心指向了不健康或不恰当的内容，我们该如何是好？如果他对淫秽行为或酷刑故事感兴趣，或者他一心只想偷看别人，要怎么办？应该鼓励这种好奇心吗？要回答这个问题，我们就必须加以区分。

毫无疑问，我们不能放任这个男孩的好奇心继续局限在这些领域，但这并不代表我们要让他对自己想了解这些事物而感到羞愧，也不代表我们完全阻止他接触这些知识。这些知识之所以具有吸引力，正是因为它们是被禁止的，而在某些情况下，它与某种病态的精神状态有关，这时就需要进行医疗。然而，不论是哪种情况，禁止和道德恐吓绝不是解决这一问题的正确方法。

作为最常见同时也是最重要的例子，让我们谈谈对淫秽事物的好奇心吧。如果性知识对儿童来说如同任何其他知识一样，那么我相信上述情形就会大大减少了。一个得到色情图片的男孩，会因为自己有能力做到这件事而感到自豪，同时知道自己懦弱的同伴所不知道的秘密。但如果你能坦率而体面地告诉他与性相关的一切知识，他就不会对这些图片感兴趣了。就算如此，这个男孩仍然表现出过度的兴趣，那么可能需要专业的医生介入进行适当的治疗。治疗应该从鼓励他自由地表达自己所有的想法开始，甚至包括最令人震惊的念头，然后逐步向他提供大量信息，从简单到复杂，逐渐增加信息的技术性和科学性，直到他对这个话题感到厌倦。当他意识到没有更多可知道的信息了，而他所知道的一切也变得平淡无奇时，治疗就成功了。问题不在于知识本身，而在于对某个特定话题的过度沉迷。要纠正这种沉迷，不能一开始就试图强行转移注意力，而应该对相关问题进行充分讨论。这样，孩子的兴趣可以从无序的幻想转变为有序的科学探索。一旦做到这一点，好奇心也能够在其他兴趣中占据合理的一席之地，从此不再是一种沉迷了。我确信这是处理狭隘而不健康的好奇心的正确方法，禁止和道德恐吓只会产生相反的效果。

尽管教育的目标不应局限于塑造完美的人格，但教育过程中确实能够培养出一些极为宝贵的品质，这些品质对于有效获取知识至关重要，我们可以将它们称为理性的美德。这种美德应该是智力教育的产物，它们应当在追求知识的过程中自然形成，而不是作为独立的目标去追求。

这种美德主要包括好奇心、开放的心态、相信知识难求但可以获得、耐心、勤奋、专注和精确。其中好奇心是最基本的美德，只要它强烈且目标正确，其余各项也就水到渠成了。然而好奇心似乎是一种略微有些被动的品质，不足以构成理性生活的全部基础。此外，还需有面对困难的积极态度。学生应将所学知识视为一种技能，就像游戏或体操中的技能一样。我认为这种技能难免有一部分只是为了应付学校的作业，但如果学生认为这些知识对实现课外目标同样重要，那么教育就取得了显著成效。

知识与实际生活脱节会让人感到遗憾，但这在学生时代无法完全避免。对于极难避免这种脱节的科目，应该时不时地与学生谈谈本科目知识的实用性——这里的“实用性”应该取最广义的理解。即便如此，仍然得为纯粹的好奇心保留充足的空间，否则许多最有价值的知识（如理论数学）将永远无法被探索。在我看来，很多知识本身就有价值，不需要考虑它们的实际应用。我不想鼓励年轻人过分关注知识的实用价值，非功利性的好奇心是年轻人天生具有的，也是一种非常珍贵的品质。只有当这种好奇心无法起到作用时，才应该转而向能在实践中展示技能这一欲望求助。这两种动机各有各的用武之地，互不打扰。

我知道自己假定了这一点：有些知识的价值在于其本身，而不仅仅在于其实用性。这种观点经常受到质疑。我看到奥谢①的书中这样说道：

在欧洲和东亚的学校里，一个人若没有深厚的

① O'Shea.——作者注

古代事物的知识，通常不会被认为受过良好教育，往往也不算有修养。在我国，人们可以接受这样一种观点：自我修养并不仅仅取决于对古代或现代事实的掌握。有修养的人不仅具备能够为社会做出贡献的知识和技能，还应该拥有与他人和谐相处的行为习惯。在美国，教师普遍认为，个人生活中不利于人际关系的知识，对修养和教育目标而言都没有价值。

这段关于旧世界是怎样看待自我修养的描述无疑带有讽刺色彩，不会有人主张单纯的事实性知识就可以提升个人的自我修养。然而能够证明的是，在某种程度上，自我修养代表不受时空上的地方本位主义（parochialism）的影响，而这包括对优秀的尊重，即使这种优秀是在另一个国家或另一个时代被发现的。我们容易夸大自己的优越感，觉得自己不仅比外国人优越，甚至比古人优越，这使得我们轻视他们的一切，其中就包括他们比我们好的地方，如生活的整体美学方面。

此外，我想表达的是，修养是一种和静观有关的能力，去思考或感受，而不要盲目行动。这让我对是否要接受人们所说的那种实践教育理论犹豫不决，这种理论“要求学生去实践他们所学的东西”[①]。很明显，这种方法对幼儿来说很适合，但在采用更加抽象和理性的方法之前，教育是不完整的。

实践“星云假说”或法国大革命需要花费很长时间，更别提还有上断头台的危险。一个受过良好教育的人会学着在有需要的时候通过抽象来提取意义，并将其作为抽象概念来使用，只要这样做有助于实现他的目标。如果数学家在每一步计算中都必须停下来理解其意义，那么他的工作将永远无法完成。数学家的方法有一个很重要的优点，那就是使用起来不必费那么大的劲儿。因此，在高等教育中，这种实践方法似乎并不适用。我不禁思考，实践方法之所以在美国流行，一部分原因在于，人们认为所有的优秀都在于行动，而不在于思考和感受。这种观念隐含在我刚才引用的对修养的定义中，而且这在机械时代是很自然的，因为机器只会运作，人们不期望它能够思考或感受。然而，无论这体现了哪种形而上学思想，基本上都不可能为我们提供一种

① O'Shea. ——作者注

合理的价值标准。

真正渴求知识的人肯定会具有开放的心态这种品质，只有那些被其他欲望所困、自诩已经掌握了真理的人才会失去这种品质。这就是为什么开放心态在人的年轻时期比在年长时期更为普遍的缘由。

个人的活动几乎肯定与对某个理智上的难题的判断有着密切联系。牧师不可能对神学漠不关心，士兵也不可能在战时置身事外，律师肯定会觉得罪犯应该受到惩罚——除非罪犯能够支付著名律师的费用。教师会支持适合自己培训和经验的特定教育体系，政治家几乎会情不自禁地相信最有可能赋予他权力的那个党的学说。一旦某个人选择好了职业，就不能指望他会经常反思其他选择是否更好。因此，在成年人的生活中，开放的心态会受到限制，尽管这些限制应该尽可能地少。然而在年轻时期，很少出现威廉·詹姆斯①所描述的“强制选择”，因此“信仰意志”（will to believe）没什么必要。应该鼓励年轻人把每一个问题都视为开放的，并且在经

① 威廉·詹姆斯（William James，1842—1910），美国哲学家、心理学家、教育家，倡导实用主义，创立了美国机能主义心理学派，被称为“美国心理学之父”，著有《心理学原理》等。

过论证后可以抛弃所有观点。这种思想自由并不意味着行动上也应该完全自由，比如，一个男孩绝对不应该因为受到某个加勒比海冒险故事的启发，就被允许自由地跑进大海。但只要他还在接受教育，就可以随心所欲地认为当海盗比当教授更好。

专注力是一种极为宝贵的品质，除非通过教育，否则很少有人能有这种品质。确实，随着孩子不断长大，他们会自然而然地达到相当程度的专注。年幼的孩子思考任何事情的时间都不会超过几分钟，但他们的注意力一年比一年更加集中，直到成年。即便如此，没有经过持续的智力训练，大多数人很难达到高水平的专注力。

理想的专注力具备三个特征：强烈、持久和自觉。一个关于高度专注力的著名例子是阿基米德[①]的故事。据说，当罗马人占领了叙拉古城并前来杀害他时，他竟然一点儿也没有察觉，因为他正专注于研究一个数学问题。能够在相当长的时间内专注于一件事，这对于达成非凡的成就，甚至对于理解复杂、深刻的问题来说都是

① 阿基米德（Archimedes，前287—前212），古希腊哲学家、百科式科学家、数学家和物理学家，他提出了几何体表面积和体积的计算方法，发现了浮力定理和杠杆原理。他是静态力学和流体静力学的奠基人，被尊称为“力学之父”。

必需的。如果你对某事有强烈而自发的兴趣，你自然会展现出这种专注力。大多数人可以长时间专注于一个机械问题，但这种专注本身并不特别有价值。只有当注意力可以被意志力所引导时，它才真正具有价值。我是指如果一个人具备足够的动机去学习某项知识，那么就算知识本身很枯燥无味，他也可以强迫自己掌握它。在我看来，高等教育首先应该培养的就是这种可以被意志力所支配的注意力。在这方面，旧式教育是值得赞赏的。现代教育方法能否成功教会一个人自愿忍受乏味，对此我深表怀疑。但如果现代教育在这一点上确实存在不足，这也不是无法克服的。我将在后续讨论这个问题。

耐心和勤奋是良好教育的结果。传统观念认为，在大多数情况下，这些品质只有通过遵循外部权威强加的良好习惯才能获得。毫无疑问，这种方法有时会奏效，类似于训练马匹时所取得的效果。但我觉得，更好的办法是激发人们克服困难的勇气，为此可以将困难分为不同的层次，这样在最开始时，人们就可以轻松体验到成功的喜悦。这能让人体验到坚持之后的回报，从而使得他的毅力逐渐增强。虽然知识获取不易，但是可以获得的，这一信念也完全适用相同的说法，因为培养这种信念的最好方法是引导学生解决一系列仔细划分过难度等级的问题。

正如有意识地控制注意力一样，精确性也是教育改革中容易被忽视的品质之一。巴拉德博士曾明确指出，尽管我们的小学教育在许多方面都有了显著提升，但在这方面却退步了。他说：

> 在20世纪80年代和90年代初，学生必须在年度评估中接受大量测试，而这些测试的结果将被整理成表格向上报告，以作为资助的依据[①]。如果现在让同龄儿童接受同样的测试，他们的成绩肯定会显著且普遍地变差。无论我们如何解释这一现象，结果都是不争的事实。总的来说，我们的学校，至少我们的小学，不如四分之一世纪前那么精确。

关于这个问题，巴拉德博士的讨论非常深入透彻，我没有什么要补充的。不过，让我再引用下他的结论：

---

① 当时的英国政府只负担学校的部分费用，这部分费用被称为“拨款”，拨款的金额取决于学生在考试中的成绩。——作者注

经过各种演绎后，精确这一理想依旧崇高且鼓舞人心。它是理性遵循的道德准则，指导我们在追求理想时应该在哪些方面付出努力。因为我们对真理的忠诚可以通过我们在思考、表达和行动上的精确度来大致衡量。

对那些提倡现代方法的人来说有一个难题，那就是目前为止所教授的精确意味着无聊，如果教育能变得有趣，那将是一个巨大的进步。但在这里，我们有必要加以区分。完全由教师所施加的无聊丝毫没有可取之处，而学生为了实现某种抱负而自愿忍受的无聊，只要不过分，那么就是有价值的。鼓励学生追求那些高远的目标，如掌握微积分、阅读荷马史诗、演奏小提琴等，这些应该成为教育的一部分。

所有这些活动都有一套精确的标准。有天赋的孩子为了获得想要的知识或技能，愿意忍受无休止的无聊，并接受严格的训练。如果对天赋普通的孩子进行恰当的鼓励，他们也会被激发类似的抱负。教育的动力应该是学生的求知欲，而不仅仅依赖于教师的权威，但这并不意味着教育在每个阶段都应该是轻松、容易和舒适的，特别是在精确性的问题上。人们很容易在学习精确知识的时候感到厌烦，但这是达到卓越的必经之路，通过合适的方法，可以让孩子理解这一事实。只要现代方法在这方面不成功，那么它们就是不完善的。与在其他许多事情上一样，在这件事情上，对糟糕的旧式教育的抵制已经呈现出一种过于宽松的氛围，这种宽松必须给新的教育让位。旧式教育强调外在权威，与之相比，新式教育更加关注内在和心理因素，而精确性正是这种新教育方法的理性体现。

精确性有很多种，每一种都有自身的重要性，其主要类型包括：肌肉的精确、审美的精确、事实的精确和逻辑的精确。每个孩子都能明白肌肉的精确在许多方面的重要性，一个健康的孩子需要精确的肌肉来进行身体控制，这是他在玩耍中自然习得的。此外，决定孩子在同伴中的威望的游戏也需要肌肉的精确。但肌肉的精确也有其他一些与学校教育关系更密切的形式，如清晰地发音、规范地书写、正确地演奏乐器等，孩子会根据自己所处的环境来判断这些事物是否重要。

审美的精确性很难界定，它与产生情感的合理刺激的恰当性存在关联。通过背诵诗歌来培养孩子的审美精确性是一种有效的方法，如背诵莎士比亚的作品以备表演。当他们背错时，要引导他们察觉为什么原文更好。我相信在美感普遍存在的地方，可以看到孩子们已经学会了各种传统的表演形式，如跳舞和唱歌。他们以此为乐，但一定得在传统的基础上完全正确地表演。这可以让他们留意到细微的差异，这对精确而言十分重要。我认为，培养审美精确的最佳途径是表演、唱歌和跳舞。绘画则相对次要，因为绘画很容易让人们根据作品与模型的相似度来评价，而不是根据审美标准。确实，人们期望的常规表演也是一种模型再现，但这种模型是基于审美动机而创建的，它之所以被模仿，是因为它本身就是好的，而不是因为模仿是好的。

单纯地追求事实的精确性会很无聊。学生最怕的事情之一，就是记忆英国历代君主的年代，或者各个国家及其首都的名称。通过兴趣和重复来掌握事实的精确性是一种更好的方法。我从来记不住那些海角的名字，但我在8岁的时候就已经知道几乎所有地铁的站名了。如果给孩子们看一部电影，对一艘轮船环绕海岸航行的过程进行展示，他们很快就会记住那些海角。虽然我不觉得它们值得被记住，但如果它们值得，那么这就是教学方法。所有的地理知识都应该在电影院里讲，刚开始教历史课时也应该这么做。虽然最初的成本很高，但还没到政府无法承受的程度。更何况用了这种方法后，教学的容易实行本身也是一种节约。

逻辑的精确必须在以后才能获得，而不应该强迫孩子去学。对乘法表的记忆自然属于事实的精确，直到很靠后的阶段，它才变成逻辑的精确。数学是在这一领域进行教学的自然手段，但若让数学以一系列任意规则的形式出现，它将失去这种作用。必须记住这些规则，但到了某个阶段，还必须明确产生这些规则的缘由，否则数学就不存在教育价值了。

现在我想讨论一个问题，这个问题在提及精确时就已经出现。就算所有教学都变得很有趣，这在多大程度上是可能的或可取的呢？按照旧观念，大多数教学肯定很枯燥，能让普通男孩坚持下去的只有严格的权威（对于普通女孩，则放任她们保持无知）。现代教育理念则认为，教学可以是充满快乐的。我同意现代教育观念远比旧的观念好，但我认为现代教育观念也受到一些限制，特别是在高等教育中。我将首先讨论现代教育观念的正确之处。

现代儿童心理学专家普遍强调，不要催促孩子吃饭或睡觉，而应鼓励他们自觉地进行这些日常活动，避免使用哄骗或胁迫的手段。我自己的经验充分论证了这种教育方法。

最初，我们对新的教育方法一无所知，因此采用了旧的方法。旧方法失败极了，而现代教育方法则很成功。然而，绝对不能认为现代父母在孩子的饮食和睡眠方面可以放任不管，相反，他们必须尽最大努力来培养孩子良好的生活习惯。孩子应在规定的时间开始吃饭，在吃饭的时候，无论吃或不吃，孩子都必须坐在餐桌前，不可以玩耍。孩子应在规定的时间上床睡觉，到了睡觉的时间，孩子必须躺在床上，他可以抱着一个动物玩具睡觉，但不应该是会叫、会跑或让人兴奋的玩具。如果那个动物玩具是孩子的最爱，那么他可以玩这样的游戏：动物玩具累了，需要休息，然后让孩子一个人待着。通常，他很快就能入睡。但千万不要让孩子认为你希望他睡觉或吃饭，这会马上让他认为你是在向他寻求帮助，从而给予他一种权力感，使得他越来越需要劝哄或惩罚。孩子吃饭和睡觉，是出于自己的意愿，而不是为了取悦父母。

显而易见，这种心理学很大程度上也适用于教学。如果你坚持要教一个孩子，他就会觉得你是在通过让他做某件他讨厌的事来让你获得满足，因此会产生抵触心理。如果这种抵触心理从一开始就存在，那么它将永远持续下去。随着年龄的增长，孩子虽然会有明显的通过考试的愿望，并为此努力学习，但他这样做绝不是单纯出于对知识本身的热爱。相反，如果你能提前激起孩子的求知欲，然后把他想得到的知识当作某种恩惠教给他，那么情况就会截然不同了。所需的外在控制将大大减少，让孩子保持注意力也不再是问题。

为了让这种方法成功，必须满足一些条件，蒙台梭利女士就成功地在幼儿中创造了这些条件。给孩子们布置的作业必须具有吸引力，并且不能太难。起初，必须有处于更高阶段的其他孩子作为榜样，同时要确保孩子们不会受到其他看似更吸引人的活动的干扰。孩子们应该有多种选择，能够根据自己的兴趣选择并独立完成活动。在这样支持性的环境中，大多数孩子都会感到快乐，并且在5岁之前就能轻松掌握基础的阅读和写作技能。

对于这种方法能否同样成功地应用于年长的儿童，人们持有不同意见。随着孩子长大，他们会对长期目标做出反应，因此不再需要每一个细节都很有趣。然而，我相信教育的动机应该来自学生——这是一个普遍适用的原则，适用于所有年龄段。环境应该有助于激发这种动机，让无聊和孤独成为学习中一种可选择的状态。无论如何，任何喜欢这种选择的孩子都应该被允许这样选择。与个人活动相关的原则可以继续坚持，尽管在幼儿期之后，一定程度的课堂活动似乎是必需的。如果不得不通过外部权威来让孩子学习，除非有医学方面的原因，否则很可能是由于老师的方法不当或之前的道德教育存在缺陷。如果一个孩子直到5岁或6岁，都一直接受着适当的教育，那么任何称职的老师在随后的阶段都应该能激发他的学习兴趣。

如果能够实现这一点，它将带来诸多益处。老师会成为学生的朋友而非敌人，学生也会因为和老师共同努力而学得更快。学习过程将不再那么疲惫，因为学生不需要持续强迫自己，将充满抵触和厌倦的注意力重新集中到学习上。学生个人的主动性也没有受到削弱，反而得到了培养。基于这些好处，这样的假设似乎很有价值：学生学习的时候可以由自己的意愿驱动，而不必被老师强迫。如果发现此方法在少数事例中不起作用，可以将这些事例分开，并以其他方式进行教学。但我相信，上述方法在孩子的智力教育方面很有用，很少会失败。

基于讨论精确性时已经提到的那些原因，我不认为真正深入的教育能够变得完全有趣。无论一个人对某个学科有多浓厚的兴趣，他总会发现这个学科的某些方面是枯燥的。但我相信，在适当的指导下，孩子可以感受到学习这些枯燥部分的重要性，并可在不受强迫的情况下学完它们。我觉得应该用表扬和责备作为激励，根据孩子在指定任务中的表现好坏来奖惩他们。孩子是否具备必要的技能，应该像在游戏或体操中一样容易发现。教师应该解释清楚某学科的枯燥部分为什么同样重要。如果所有这些方法都失败了，那么那个孩子就只能被归类为愚钝型，并与智力正常的孩子分开接受教育，但必须注意，不要让这种做法看起来像是一种惩罚。

除极少数情况，就算孩子还小（如4岁以后），也不应该让父母担任教师。教学需要某种特殊的技能，这种技能虽然可以学习，但大多数家长都没有机会学习。孩子越小，所需要的教学技能就越高。此外，在正式教育开始之前，家长与孩子的日常接触会让孩子对家长形成许多习惯和期望，而这些习惯和期望通常不会转移到老师身上。更何况，父母往往会过于渴望和关心孩子的进步。孩子聪明，父母就快乐；孩子愚蠢，父母就生气。父母不能教育自己的孩子，这和医生不能治疗他们的家人是一个道理。当然，我并不是说父母甚至不应该有那种自然而然的教育，我只是说他们通常不是教授学校正规课程的最佳人选，即便他们完全有能力教别人的孩子。

在孩子的整个教育过程中，应该始终贯穿一种理智上的冒险意识。这个世界充满了许多令人困惑的事物，但只要持之以恒，就可以理解它们。突然开悟的感觉非常振奋人心，每一位优秀的教师都应该能激发学生产生这种感觉。蒙台梭利女士描述过她的学生们学会写作后的那种幸福感。我还记得，当我第一次读到牛顿从万有引力定律推导出开普勒第二定律时，我完全陶醉了。很少有这样纯粹且有益的快乐。主动且独立的学习可以给学生发现的机会，这种给予学生的冒险意识比课堂上教授任何东西带来的感受都更加普遍和强烈。尽可能让学生主动寻求知识，而不是被动地接受教育，这也是让教育成为一种乐趣而非苦差事的秘诀之一。

第 2 章 /

14岁前，孩子应该从学校学什么

养育的基本

学校应该教什么？应该如何教学？这两个问题紧密相连，因为更好的教学方法可以让学生学到更多知识。如果学生愿意学习而不是讨厌学习，那么情况将更是如此。我已经讨论过这个方法，还会在下一章继续讨论它。现在，我暂时假设自己能想到的最好的教学方法已经得到应用，只思考“应该教什么”这一问题。

当我们考虑一个成年人应具备哪些知识时，我们很快就会意识到，有些知识是每个人都应该了解的，而有些知识则只需要一部分人掌握，其他人则不必深入了解。

一部分人需要掌握医学知识，但对大多数人而言，懂得生理学和卫生学的基本知识就足够了；一部分人需要熟悉高等数学，但对于那些不喜欢数学的人来说，知道一些最简单的原理就足够了；一部分人需要精通长号演奏，但幸运的是，并非每个学生都需要练习长号。

总的来说，在孩子14岁之前，学校应该以教授那些人人都应知道的知识为主，除特殊情况，专业化教育应该在日后进行。但在14岁之前，教育的目标之一应该是找到孩子的特长，这样就可以在以后好好培养孩子的特长。所以合适的方法是每个人都应该学习各学科的基础知识，而那些不擅长某一学科的人，则不需要进一步深入学习。

在确定每个成年人应该掌握的知识之后，我们必须定下每个学科的教学顺序。这时，我们应该自然地根据每个科目的相对难度来安排，先从最简单的科目教起。这两项原则在很大程度上决定了小学的课程设置。

假设5岁的孩子已经明白如何读写——这是蒙台梭利这样的幼儿园或者其他更完美的幼儿园应该实现的目标，在幼儿园，孩子们还学会了比较精确的感知，学会了绘画、唱歌和跳舞的基本技能，获得了与众多孩子在一起时也能专注于某种教育活动的能力。当然，5岁的孩子在这些领域不可能达到完美，在未来几年中还需要接受进一步的教育。我不觉得7岁以下的孩子应该完成任何需要高强度脑力劳动的任务，但有了足够的技巧，就能够使困难大大减少。

孩子们将算术看作一条可怕的道路——我自己小时

候就曾因为弄不懂乘法表而大哭，但如果按部就班、小心翼翼，如借助蒙台梭利教具，孩子就不会因为它的复杂性而感到气馁。不过，如果想掌握足够的算术技能，那么肯定得掌握大量极其烦人的规则。小学阶段最大的难题就是如何将生动有趣的教学方法融入各个学科，尽管如此，出于某些实际原因，还是有必要让孩子的算术技能达到一定的熟练程度。此外，算术可以自然而然地指向精确性：一道加法问题的答案只有正确或错误，而不会是“有趣”或“有启发性”。因此，无论算术的实际用途如何，它都是早期教育的重要组成部分，但它的难度应该被科学地划分，分成许多从浅到深的零散部分，每次学习算术的时间不宜过长。

在我童年时期，地理和历史是学校所有课程中我学得最差的两门。地理课让我害怕，历史课勉强可以忍受，但那只是因为我一直喜欢历史。

事实上，这两门课程是能够教得让幼儿着迷向往的。尽管我儿子从没有上过课，但他的地理知识已经远远超过了他的保姆。他之所以可以获得这些知识，是因为他热爱火车和轮船，这是许多男孩的共同爱好。他想要知道自己想象中的那些船只将会走哪些航线。当我告诉他前往中国的各段行程时，他专心致志地听着。如果他想看照片，我会将沿途各个国家的图片展示给他看。有时他一定要拿出大地图册，在地图上寻找路线。他每年从伦敦坐火车到康沃尔[①]两次，这段旅程让他兴奋不已。他能确切地知道火车停在哪些车站，每节车厢在哪里脱离。他痴迷于南极和北极，还对为什么没有东极和西极而感到困惑。他知道法国、西班牙和美国在大海对岸的哪个方向，也很清楚在这些国家可以看到什么。所有这些知识都不是通过成年人的教导获得的，而是源于他自己的强烈的好奇心。

一旦将地理与旅游的概念结合起来，几乎所有孩子都会对它感兴趣。如果我来教地理，我会将教学的重心放在通过电影展示旅行者在旅途中的所见所闻，同时辅以图片和旅行者的趣闻逸事。地理知识是有用的，可它欠缺理智方面的内在价值。然而，当地理知识借助图片变得生动直观时，它就有了孕育想象力的价值。知道有的国家酷热难耐、有的国家冰天雪地、有的国家一马平川、有的国家山峦起伏，知道有黑色人种、黄色人种、

① 康沃尔（Cornwall），英格兰西南端的一个郡，气候宜人，有全球最大的温室“伊甸园”。

棕色人种以及白色人种，这是一件好事。这些知识可以降低熟悉的周围环境对想象力的抑制程度，并让孩子在日后觉得远方的国家是真切存在的。如果不通过旅行，就很难获得这种感觉。基于这些理由，我想在教孩子的过程中讲述很多地理知识，我不相信孩子会不喜欢这个话题。紧接着，我会向他们发放一些书籍，这些书籍的内文中包含照片、地图和世界各地的基本信息，同时请他们收集描述各个国家特点的文章。

这些适用于地理的教学方法同样适用于历史，但只有年龄较大的孩子才能学习历史，因为在他们很小的时候，对时间的概念还不够清晰。我认为，孩子在5岁左右开始学习历史是有益的，他们在刚开始的时候可以去读配有大量图片的名人趣事。我在那么大的时候就有一本介绍英国历史的绘本。马蒂尔达皇后[①]在阿宾顿踩着冰面穿越泰晤士河的故事给我留下了极为深刻的印象，以至于当我在18岁那年渡过泰晤士河时依旧十分紧张，总觉得斯蒂芬国王一直在后面追我。

---

① 马蒂尔达皇后（Matilda，1101—1167），英格兰国王亨利一世的女儿。1135年亨利一世去世后，她和表兄弟斯蒂芬国王（Stephen）展开了王位争夺战。后来马蒂尔达皇后获得胜利，但因为不受英格兰人民欢迎而最终放弃了王位。

我相信，任何一个5岁的男孩都不会对亚历山大大帝①的事迹无动于衷。哥伦布的故事可能更具地域性而非历史性。我能够证明，即便是还不到2岁的孩子，也会对哥伦布感兴趣，至少那些知晓大海的孩子会感兴趣。等到孩子长大到6岁时，他已经足够成熟，可以学习世界简史了。一般来说，教材应该在整体上以韦尔斯先生或房龙先生的风格②编写，必要时可以加以简化，并辅以配图，如果可能的话也可以播放影片。如果孩子住在伦敦，可以带他去自然历史博物馆观赏珍禽异兽，但我不会在孩子年满10岁前带他参观大英博物馆。

在教授历史时有一点一定要小心，那就是不要把自己的兴趣强加给孩子，直到他们成熟到能够理解那些内容为止。孩子最初就对两个方面感兴趣：一是从地质时期到历史时期，从野蛮时代到文明时代之类的整体进程；二是出现富有同情心的英雄的历史事件。他们把这些事件视为戏剧性的故事，但我们应该记住，进步是一

① 亚历山大大帝（Alexander the Great，前356—前323），马其顿帝国（亚历山大帝国）国王，世界古代史上著名的军事家和政治家，与汉尼拔、凯撒大帝以及拿破仑并称欧洲历史上的四大军事统帅，且位居这四人之首。

② 指英国作家韦尔斯（H. G. Wells，1866—1946）的《世界史纲》，以及美国作家房龙（H. W. Van Loon，1882—1944）的《人类的故事》。

个缓慢且充满曲折的过程，常常受到我们从动物本性中继承的野蛮冲动的阻碍。然而，通过知识的积累，进步可以逐步引导我们学会控制自己和环境。这一思想意味着，作为一个整体，人类同时与外部的混乱和内部的无知做斗争，微弱的理性之光逐渐变得越来越强、越来越亮，驱散了漫漫长夜。不同种族、民族和信仰之间的隔阂应该被视为愚蠢的行为，只会在与混乱和无知的斗争中分裂我们，而真正的人类活动正是这种斗争。

如果由我来教授以上观点，我会先提供一个与主题相关的实例，至于主题本身，就算要教，也要放到之后。我将展示原始人在寒风中颤抖、以野果为食的场景；我将展示火的发现及其影响；我将展示农业在尼罗河流域的起源以及羊、牛和狗的驯化过程；我将展示从独木舟到巨型邮轮的船舶发展，以及从穴居人的聚落到伦敦和纽约这样的大都市的城市化进程；我将展示古希腊文明的短暂辉煌、古罗马帝国的波澜壮阔、随后的漫长黑暗以及科学的兴起。就算是面对非常年幼的孩子，这些内容的讲述也可以非常吸引人。

我不会回避战争、迫害和残酷，但我也不会美化那些军事征服者。在我的历史教学中，真正的英雄是那些用自己的行动消除了人类内部和外部黑暗的人——释迦牟尼、苏格拉底、阿基米德、伽利略、牛顿，以及所有帮助我们控制自己或大自然的人。因此我想确立这样一种观点，那就是人类肩负着崇高而伟大的使命。如果我们重复过去的错误，发动战争或进行其他野蛮行径，就意味着我们背离了这一使命。只有当我们在增强人类对世界的主导能力方面做出积极贡献时，才算是忠实地履行了这一使命。

在学校的头几年，学校应该为孩子留出时间学习舞蹈。舞蹈不仅给孩子带来极大的快乐，而且有利于身体健康和培养美感。只有在学会了基本动作后才能教集体舞，这是孩子容易理解的一种合作方式。唱歌也是一样，虽然唱歌应该比跳舞略晚开始，因为它不能像跳舞那样提供运动的乐趣，而且练习相关基本技能也更困难。虽然存在例外，但大多数孩子天生就喜欢唱歌。

在孩子学会儿歌之后，应该教他们唱真正优美的歌曲。先破坏孩子的品位，再试图培养他们的优雅，这是不合理的，最多只会让人变得矫揉造作。与成人一样，儿童的音乐天赋也存在显著差异。因此，有必要从较高年级中选拔一些孩子，为他们开设难度较大的歌唱课程。对这些孩子来说，唱歌应该是出于自愿，而不是被强迫的。

文学教育是一件容易出错的领域。对成年人和孩子来说，了解很多文学知识毫无意义，如知道诗人的年龄和他们作品的名字。所有可以被编译成手册的东西都没有价值。熟读一些示范性文本很重要——这种熟读不仅能影响写作方式，还会影响思维方式。在过去，英国的孩子在这方面受益于《圣经》，这无疑对散文写作的风格也产生了积极影响，但在现代英国，熟悉《圣经》的孩子已经不多见。在我看来，没有背诵，就会大大降低文学作品的效果。背诵在过去被当作一种记忆力的训练方法而备受推崇，但心理学家已经证明，它在这方面几乎没有什么效果——如果不至于完全无效的话。现代教育者越来越不重视背诵，但我觉得他们错了，并非因为背诵有助于记忆，而是因为它美化了口头和书面语言。语言是思想的自然表达，不应该被刻意加工，但在一个已经失去了基本审美冲动的社会里，为了做到这一点，我认为有必要培养一种只有通过熟知文学佳作才能产生的习惯，这就是我重视背诵的原因。

然而，只是单纯记住“同情并非出于强迫，而是像雨一样从天而降”“世界是一个舞台，所有的男人和女人都只是一些演员”[①]之类的陈词滥调，会让大多数孩子觉得厌烦、装模作样，从而无法达到背诵的目的。更好的做法是把背诵与表演相结合，因为每个孩子都喜欢表演，这样一来，背诵就成了孩子们表演的必要手段。3岁以后，孩子就喜欢扮演角色。他们这样做是发乎自然的，但如果能教他们一种更精妙的表演方式，他们会十分高兴。我仍然记得自己表演过布鲁图斯与卡西乌斯相互争吵的场景[②]，并朗诵以下台词：

> 我宁愿做一只对着月亮吠叫的狗，
> 我不想成为一个这样的罗马人。

那是一种强烈的快乐。在《裘力斯·恺撒》《威尼斯商人》或者其他合适的戏剧中参加演出的孩子，不仅能够掌握自己的角色，还可以对其他大部分角色有所了解。故事情节将在他们的脑海中停留很长时间，并让他

① 这两句都是莎士比亚的名言，前一句参见《威尼斯商人》，后一句参见《量罪记》。

② 布鲁图斯（Marcus Junius Brutus，前85—前42）和卡西乌斯（Gaius Cassius Longinus，前85—前42）都是古罗马政治家，两人一起策划了对恺撒的刺杀。

们开心地谈论它。

文学经典的最终目的是给人带来心灵上的愉悦，如果孩子们从中感受不到乐趣，也就不太可能从中获益。因此，我认为儿童早期的文学教学应该局限于学习角色扮演。此外，孩子们可以自发地从学校图书馆借阅优秀的故事书来阅读。现在，人们给孩子看的书不仅愚蠢，而且情感泛滥，这是对孩子的侮辱和敷衍，和《鲁滨逊漂流记》的严肃态度一比较就明白了。无论是对待孩子还是其他事情，泛滥的情感都缺乏换位思考的同情心。没有孩子会认为孩子气是可爱的，他们想要尽快学会像成年人一样做事。因此，儿童读物绝不能用孩子气的方式去表达一种表面迎合、实则傲慢的快乐。

许多现代的儿童读物都无病呻吟且愚蠢，这着实令人厌恶。它们要么让孩子不开心，要么让孩子在心智成长上迷茫无措、找不到方向。因此，最佳的儿童读物是那些由成年人撰写、却恰好契合孩子需求的作品。书是为孩子写的，也能赢得成年人的喜爱，如爱德华·利尔[①]以及刘易斯·卡罗尔的作品，都只能算一种例外。

---

① 爱德华·利尔（Edward Lear，1812—1888），英国艺术家、作家，著有《荒诞书全集》。

怎样学习现代语言是一个难题。很多人小时候能够学会说一口流利的现代语言，后来却再也做不到了。因此，只要条件允许，我们就有确切的理由在孩子年幼的时候教授他们语言。有的人似乎担心过早学习外语会影响他们掌握母语，但我并不这么认为。托尔斯泰和屠格涅夫自幼学习英语、法语和德语，但这并没有妨碍他们精通俄语。爱德华·吉本[①]在用法语写作时肆意潇洒，这并没有损害他的英语文风。在整个18世纪，所有英国贵族都必须从小学习法语，不少人还学习意大利语，但他们的英语水平远比他们的后代要好。如果孩子用不同的语言与不同的人交流，他那种设身处地的本能就会阻止他将各种语言混淆。我当年同时学习了英语和德语，直到10岁，我和保姆、家庭教师都是用德语交谈。之后我学习了法语，并用法语与私人教师交谈。我在使用这两种语言时从未与英语混淆，因为它们用于不同的人际关系。

在我看来，如果想教一门现代语言，那么最好由以该语言为母语的人来教。这不仅是因为这能让孩子学得

① 爱德华·吉本（Edward Gibbon，1737—1794），英国历史学家，著有《罗马帝国衰亡史》。

更好，还因为和与母语相同的人说外语相比，孩子与外国人说外语会更为自然。因此，我认为每一所小学都应该有一名法语女教师，如果资源允许，还得有一名德语女教师。除了一开始的时候外，教师不需要正式地用自己的语言去教孩子，而应该与他们一起玩耍和交谈，并由孩子们对单词的理解和回答来决定游戏的胜利。她可以从《雅克兄弟》和《在亚维农的桥上》[1]开始，循序渐进地去玩更复杂的游戏。通过这种方式学习语言，不仅可以摆脱所有的精神疲劳，而且还充满了表演的乐趣。此外，与以后的任何时期相比，这一时期的语言学习效果更佳，能够节省宝贵的教育时间。

直到孩子长大到本章所讨论的年龄段的最后几年，如12岁，我们才可以开始教授孩子数学和自然科学。当然，这里是假设孩子已经学过算术，而且自然而然地喜欢谈论一些有趣的话题，如天文和地理、史前动物、著名探险家等。

但我现在考虑的是正式的教学——几何和代数、物理和化学。有些孩子喜欢几何和代数，但大多数孩子并

① 《雅克兄弟》和《在亚维农的桥上》都是法国儿歌的名字，在这里是指与儿歌描述的场景有关的游戏。

不喜欢。这难道完全是因为教学方法不当吗？对此我很是怀疑。理解数学的能力就像音乐才华一样，主要是一种天赋。我相信很少有人有这种天赋，甚至很少有人有中等天赋。尽管如此，为了发现那些数学天才，应该让每个孩子都尝试一下数学。更何况，就算是那些只对数学进行了简单了解的人也可以从对这门学科的了解中受益。通过良好的教学方法，基本上可以让每个孩子都能理解几何原理。代数则不同，它比几何更抽象，那些无法将思维从具体事物中抽离出来的人很难理解它。如果教学得当，喜欢物理和化学的人可能会比喜欢数学的人多一些，尽管这种爱好仍然只限于少数年轻人中。

在孩子12—14岁的阶段，数学和自然科学的教学应专注于了解孩子是否具有相应的天赋。当然，这无法马上就弄明白。我最开始很讨厌代数，但后来在这方面表现出了一些天赋。在某些情况下，即使孩子到了14岁仍然很难确定他是否有天赋，此时应该延长对孩子进行测试的时间。但在大多数情况下，到了14岁，我们通常能够得出一些结论。一些孩子肯定喜欢并擅长这些科目，而另一些孩子则讨厌并且不擅长这些科目。很少会有聪明的学生讨厌数学和科学，或者不聪明的学生喜欢数学和科学。

数学和自然科学相关的说法也同样适用于古典学科。在12岁至14岁阶段，拉丁语教学应限制在能足够显示哪些孩子喜欢这门学科并有这方面天赋的程度。我相信，当孩子到了14岁，我们就应该开始根据孩子的爱好和天赋实施一些专业化教育。在此之前的最后几年，应该用来弄懂在未来几年中应该专注于哪个学科。

在整个小学阶段，我们应该持续为孩子们提供户外活动的机会。对于富裕人家的孩子，父母或许可以承担起这一角色，但对于其他孩子，学校应该承担相应的责任。当我谈论户外活动教育时，我指的并不仅仅是游戏。虽然游戏同样重要，并且其价值已经得到了广泛认可，但我还考虑了其他方面，如了解农业生产的流程、熟悉动植物、掌握园艺技能、培养在农村中观察的习惯等。我惊讶地发现，城里人不太清楚指南针里的方向，完全不了解太阳的轨迹，找不到房子的背风面，甚至大部分都缺乏连牛羊都具备的知识。这是长期在城市生活的结果。如果我说这就是工党在农村选区无法获胜的原因之一，人们可能会认为我很荒谬，但这绝对是城市人与所有原始而基本的事物完全隔绝的原因。这使得他们的生活态度变得琐碎、浅薄、轻浮——尽管并非总是如此，但这种情况确实很常见。季节和气候、播种和收获、农作物和牲畜，这些都与人类生活息息相关，只要我们还在地球上生活，每个人就应该接近并了解这些知识。孩子们可以通过户外活动获得所有的这些知识。此外，户外活动对健康也非常有益。光是出于这些原因，就很值得参加这些活动了。城市儿童在农村时表现出的那种欣喜，表明一种巨大的需求正在被满足。只要该需求还没被完全满足，我们的教育体系就还不完善。

第3章 /

14岁后，孩子应该从学校学什么

养育的基本

我认为，在15岁的暑假之后，想要进行专业化学习的孩子就可以实现他们的愿望了，而大多数孩子都会是这样。如果一个孩子没有明确的偏好，那么最好延长他接受全面教育的时间。对于那些表现出色的学生，不妨提前开始专业化教育，所有教育规则都应该能够因特殊原因而破例。但总体而言，智力高于平均水平的学生应该在14岁左右就开始专业化学习，而智力低于平均水平的学生通常不需要在学校接受专业化教育，除非是接受职业培训。

在本书中，我对该话题没有表达任何观点，但我不认为职业化培训应该在14岁之前开始。就算到了14岁，我也不觉得职业化培训应该占据学生全部的学习时间。我不准备对这种培训需要占用多长时间，以及接受这种培训的应该是全部学生还是部分学生的问题进行讨论。这些问题所引发的经济和政治问题与教育的关系较为间接，而且无法只用几句话解释清楚。因此，我在这里只讨论14岁以后的教育内容。

我将学校课程分为三大类：古典学科、数学和自然科学、现代人文科学。最后一类应该包括现代语言、历史和文学。

每种类别中的学生都可能在毕业前实现更深层次的专业化，但我假设这种专业化在18岁之前不会发生。显然，专攻古典学科的学生必须学习拉丁语和希腊语，但一部分人侧重于前者，另一部分人则侧重于后者。数学和自然科学在一开始就应该一起学，但在某些自然科学学科中，不需要太多数学知识也能取得好成绩。事实上，许多杰出的科学家在数学方面并不出色。所以当孩子到了16岁，就应该允许孩子专攻自然科学或数学，但也不能完全放弃没有选修的学科。对于现代人文科学来说，类似的观点也是适用的。

有些学科很有实用价值，大家都必须学习。这些学科应该包括解剖学、生理学和卫生学。学生应该学到足够的程度，以满足成年人日常生活的需求。但也许应该在更早的阶段学习这些科目，因为它们与性教育有着天然的联系，而性教育应该尽可能在青春期之前进行。我反对过早教授这些课程的原因是，如果教得太早，孩子就会在需要用之前把它们忘了。我认为唯一的解决办法就是教两遍：一遍在青春期前，只介绍关键概念；另一遍在青春期后，应结合健康和疾病相关的基本知识进行教学。在我看来，所有学生都应该对议会和宪法有一定的了解，但在教授这些科目时，必须谨慎，避免将其变成政治宣传的工具。

比课程安排更重要的是与教学方法和教学目的相关的问题，这方面的挑战主要在于如何兼顾教学内容的趣味性和难度。

严谨详细的研究应配合与研究内容相关的通论性书籍和讲座。在学生开始学习古希腊戏剧之前，应该让他们阅读吉尔伯特·默里[①]或其他具有诗歌才华的翻译家的译本。在数学教学中，除了传统的课堂讲授，还可以通过讲座形式来介绍数学的历史发展、数学在自然科学和日常生活中的应用，以及高等数学中那些富有趣味性的内容。同样，在历史学习中，除了细致的研究，还应辅以一些精确恰当的概论，即便这些概论可能包含一些有争议的结论。教师可以告诉学生这些结论可能有问题，

① 乔治·吉尔伯特·默里（George Gilbert Murray，1866—1957），英国古典学家，主要研究古希腊的语言和文化。

并鼓励他们思考自己所掌握的具体情况对于这些结论是支持的还是反对的。在自然科学的学习中，阅读和总结最新的科普著作是必要的，这有助于学生理解特定事实和规律背后的科学目标。这些方法都有助于促进学生的深入研究，但如果过分依赖它们而忽视了基础研究，则可能适得其反。

永远不要让孩子觉得求知可以走捷径。这在现代教育中是真实存在的危险，它源于人们对传统的严格训练的反感。传统的严格训练所涉及的脑力劳动并没有害，它害处在于对智力兴趣的扼杀。我们必须努力让学生保持勤奋，同时采用与传统惩罚性方法不同的教学手段，我相信这是完全可行的。在美国，我们可以看到这样的人，他们在读大学本科时并不怎么努力学习，进入法学或医学的研究生院之后开始全力以赴，因为他们终于可以做自己认为重要的事了。问题的本质就在于此：让学生把学业看作重要的事，他们就会投入学习。但如果老师让学习变得过于容易，学生就会几近本能地知道老师教给他们的东西并不真正值得拥有。聪明的孩子喜欢用难题来测试自己的头脑，如果教育得当并能消除恐惧，许多现在看起来愚蠢懒惰的孩子都能够变得聪明勤奋。

在整个教育过程中，应尽可能地激发学生的主动性。蒙台梭利女士指出了怎样激发幼儿的主动性，但是对于较为年长的孩子，我们需要采取不同的策略。我认为，开明的教育者普遍认同这一点：与常规的教学模式相比，应该大幅增加自学时间，同时相应减少上课时间，尽管应该允许孩子们在房间里一起学习。

图书馆和实验室应够用且宽敞，要从学校工作日中留出足够的时间供学生自愿进行自主学习，但学生应该撰写一份报告，概述他们的学习内容和所获得的知识。这种做法有助于加强记忆，明确学习目标，避免学习过程中的混乱，同时也可以让教师根据每个学生的具体情况给予适当的指导。越是聪明的学生，需要的指导就越少；对于那些不怎么聪明的学生，必须给予更多的指导，但即便是在指导这些学生时，也应该采用提示、询问和鼓励的方式，而不是简单地命令。此外，教师也应该布置一些主题，让学生练习如何围绕这些主题搜集相关的事实，并能够有条理地表达出来。

除了主修课程外，还应鼓励学生关注当前备受争议的重大政治、社会甚至神学问题，鼓励他们了解这些争论中各方的意见，而不限于正统的观点。如果学生对某一方的观点有了强烈的共鸣，应该告诉他们怎样寻找证据来支持自己的观点，并安排他们与持有相反观点的学生进行辩论。以发现真理为目标的严肃辩论是很有价值的。学生辩论时，教师必须牢记自己不能偏袒某一方，即便自己内心有明确的想法。如果几乎所有学生都支持其中一方，那么教师就应该支持另一方，并解释自己这样做只是为了辩论。此外，教师的角色应仅限于纠正辩论中的事实错误。通过这些方式，学生就会明白辩论是探索真理的一种工具，而不是用巧言取胜的比赛。

如果我是一所招收高年级学生的学校的校长，我会认为回避或宣扬时事热点都是不正确的。让学生觉得自己接受的教育能够帮助他们理解和处理社会热点问题，这当然是一件好事，让他们觉得学校教育并没有与现实世界脱节。但我不会把个人观点强加给学生，我在学生面前应该树立榜样，对现实问题采取一种客观、科学的态度。我希望他们可以提出真正是论据的论据和真正是事实的事实，这种习惯在政治上尤为宝贵，所有极端的政党都会故意耍花招，以确保自己的教条不受质疑。

激情往往会扼杀理智，相反，在知识分子中，理智也常常扼杀激情。我的目标是防止这两种不利的情况发生。激情和理性都是可取的，只要它们不被推向极端。

我希望基本的政治激情是建设性的，并要努力让理智服务于这些激情。但理智所服务的激情必须是真实和客观的，而不能是纯粹的幻想。当现实世界不够令人满意时，我们常常会躲进一个幻想的世界里，在那里，我们的愿望不需要辛苦努力就能实现。从本质上来说，这其实是妄想症，是民族主义、神学和阶级神话的根源，它揭示了如今世界普遍存在的某种人性弱点，而学校教育在孩子成长的后期应该致力于克服这种弱点。

克服这种弱点有两种方法，虽然它们在某种意义上看似对立，但都是必不可少的。一种方法是提升我们对在现实世界中自己能够取得什么成就的判断力，另一种方法是让我们更清醒地意识到现实在消除我们幻想方面的作用。两者都包含在这一原则中：要客观地生活，而不是主观地生活。

《堂吉诃德》[①]就是坚持主观性的典型代表。主人公堂吉诃德第一次制作头盔时，测试了头盔的抗击打能

① 堂吉诃德（Don Quixote）是西班牙作家塞万提斯（Miguel de Cervantes，1547—1616）所著的长篇反骑士小说《堂吉诃德》的主人公，他幻想自己是中世纪的骑士，并踏上了一段荒诞不经的冒险之旅。他的行为与现实世界格格不入，遭遇了几番挫折。最终，堂吉诃德从他的幻想中觉醒，返回故里，并在那里死去。

力，并把它打得变形；第二次制作时，他没有进行测试，但“相信”这是一个好头盔，这种“相信”的习惯主宰了他的一生。所有拒绝面对不愉快的真相的人，都属于这种人，我们或多或少都是堂吉诃德。如果堂吉诃德在学校里学过怎样制作真正好的头盔，或者他的朋友拒绝“相信”他愿意相信的东西，那么他就不会做出这样荒诞的行为。

孩子在幼儿时期习惯于生活在幻想中是正常的，也是合理的，因为幼儿有一种非病理性的无能。但当孩子长大成人，他们必须越来越清楚地意识到，幻想只有迟早能变成现实的梦想才有价值。男孩们在纠正纯粹的个人观点上值得被认可，在学校里，个人在同学中很难维持自己不可一世的幻想。然而，创造神话的力量在其他方面仍然活跃，并且经常得到教师的配合，如认为自己的学校是世界上最优秀的，自己的国家永远是正确的、不可战胜的，自己所属的社会阶层（如果他是有钱人的话）比其他所有阶层都优越，所有这些都是不可取的神话。它们让我们“相信”我们有一顶好头盔，但实际上，其他人的长剑可以把这个头盔一劈为二。就这样，这些神话助长了懒惰，最终导致了灾难。

正如在许多其他情况下一样，要纠正心理上的这种习惯，必须用理智预见不幸的事来代替恐惧，恐惧使人们不愿意面对真正的危险。设想一个过于主观的人在半夜被“着火了”的叫声吵醒，他可能会想当然地认为这一定是邻居家失火，因为自己的房子着火这个事实太可怕了，他可能会因此错失逃生的最佳时机。当然，这种情况只会见于极端的事例当中。但在政治领域，这种行为却屡见不鲜。在那些需要深思熟虑才能找到正确答案的问题上，恐惧是一种毁灭性的情绪。因此，我们应当努力预见可能发生的不幸，并运用我们的理智来避免那些本可避免的灾难。至于那些不可避免的灾难，我们只能以勇敢的态度去面对，但这并不是我现在要讨论的重点。

我不想重复自己在前一章所论述的关于恐惧的内容。在这里，我只关注在理智领域对诚实思考造成阻碍的恐惧。在这个领域，孩子比成年人更容易克服恐惧，因为与以某些前提为生活基础的成年人相比，孩子因改变观念而造成重大不幸的可能性更小。因此，如果我是一名教师，我就会鼓励高年级学生养成在理智上相互辩论的习惯，就算他们对我心中的重要真理产生怀疑，我也不会阻止他们。我会把教学生思考当作自己的职责，而这种思考可以并非正统，甚至属于异端。

我绝对不会用理智去换取道德上的虚幻利益。普遍存在一种观点，道德教育需要灌输谎言。在政治领域，人们对自己党派杰出政治家的不光彩行为进行掩盖；在性的问题上，人们在年轻人面前谎称贞操盛行，尽管事实并非如此。在所有国家，即使是成年人也被禁止知道某些警方认为容易引起麻烦的事实。在英国，审查人员不允许“表演忠于生活”，因为他们相信只有通过欺骗才能促使人们向善。所有这些态度都透露着一种无力感。让人们知道真相吧，不管它是什么，然后人们才能理性行事。

专权者会对被奴役者隐瞒真相，以便对有关他们自身利益的观点进行误导，这一点可以理解。但令人费解的是，民主国家也倾向于制定法律阻止人们了解真相。这是集体式的堂吉诃德主义：他们决定不让别人告知他们其实“头盔”并没有他们愿意“相信”的那么好。自由的人们无法接受这种令人可悲的懦弱。在我的学校里，任何对于知识的阻碍都不应该存在。我会通过正确培养激情和本能来寻求美德，而不是依赖谎言和欺骗。

我渴望的美德中有一个基本要素，那就是既没有恐惧也没有限制地追求知识。如果没有这个要素，那么美德的其余部分也就不存在什么价值了。

我的主张是培养科学的精神。许多杰出的科学家在其专业之外的领域就没有这种精神了，而我致力于让这种精神无处不在。科学精神首先需要一种发现真理的渴望，这种渴望越强烈越好。此外，它还包括某些理智品质，需要先怀疑，然后根据证据进行判断，绝对不能事先假定我们已经知道证据将证明什么，也绝不能满足于某种懒惰的怀疑主义，即认为客观真理是无法获得的，所有证据都是不确定的。

我们必须承认，就算是我们最有根据的那些信念，也可能需要进行部分修正，但人类能够获得的真理是一个程度问题。与伽利略之前的时代相比，我们现在的物理学理论中的错误肯定更少了。我们对儿童心理学的理解也无疑比阿诺德博士更接近真理。在每个例子中，进步都来自用观察取代了偏见和激情。正是因为这个原因，提前进行怀疑才如此重要。因此一定得教学生这一点，还要教他们收集证据所需的技能。在一个宣传家一直争着向我们鼓吹谎言，劝说我们用“药丸”毒害自己或用“毒气”毒害彼此的世界里，这种批判性思维习惯极其宝贵。那些不断重复的论调很容易让人信以为真，这是现代世界的一大灾难，学校应该尽最大努力去防止这种情况发生。

在最后的几个学年，甚至更早的时候，学生应该有一种理智上的冒险意识。完成教师指定的任务后，学生应该有机会去独立发现令人兴奋的事物，因此指定的任务不宜太重。在应该夸奖学生时就必须夸奖他们；在必须指出学生的错误时，虽然应该指出错误，但不应对他们进行指责，绝对不能让学生因为觉得自己愚蠢而感到羞愧。让学生觉得有希望成功，这是教育的一大动力。让学生厌烦的知识是无用的，而让学生迫不及待地去学习的知识则可以成为他们永久的财富。让学生明白知识与现实生活之间的关系，教会他们运用知识改变世界。让教师永远成为学生的朋友，而非敌人。只要在生命早期接受过良好的教育，这些教育就足够让大多数孩子享受学习知识的乐趣。

第 4 章 /

上走读学校，还是寄宿学校

养育的基本

我认为，一个孩子应该被送入走读学校还是寄宿学校，应该取决于具体的环境和孩子的性格。不同的教育体系各有千秋，在某些情况下，一种体制具有更多优势；而在其他情况下，另一种体制具有更多优势。我准备在这一章提出一些我在决定自己孩子如何选择学校时所重视的论据，我认为其他尽责的父母可能也会对此加以重视。

首先要考虑的是健康。

无论现实学校的实际情况怎样，很明显的是，学校可以比大多数家庭更科学、更细致地照顾到学生的健康，因为他们可以聘请掌握最新知识的校医和生活教师，而工作繁忙的家长可能并不具备这样的专业知识。

此外，学校可以开设在对健康有益的地区。对于居住在大城市的家庭来说，这一点尤其有吸引力，因为它意味着孩子们可以在乡村环境中度过大部分时间，这显然对他们的成长更为有利。因此，如果父母不得不住在城市，那他们就应该把孩子送到乡下的寄宿学校。然而，随着城市卫生条件的不断改善，这种优势可能会逐渐减弱。例如，伦敦的卫生状况正在稳步改善，而且通过使用人造紫外线，城市的卫生水平可能与乡村相媲美。但即便如此，城市中巨大的精神压力和无休止的噪声仍然是不可忽视的问题，这些因素对儿童和成人的健康都是有害的。美丽的乡村风光、雨后的泥土芬芳、山间的清风和璀璨的星星，这些都应该留在每个人的记忆中。因此我认为，不管城市的卫生健康状况怎样改善，一年中的大部分时间在乡村生活，这对年轻人而言仍然至关重要。

另一个赞成选择寄宿学校的理由是可以节省往返时间。当然，这个论点并非决定性的。大多数人的住所附近没有真正优秀的走读学校，这意味着孩子需要走很远的路才能去上学。就像前一个论据对城市居民最有说服力一般，这个论据对乡村居民而言最有说服力。

若想试着对教育方法进行任何新的改革，基本上都必须在寄宿学校进行实验，因为支持改革的家长们不太可能住在同一个地区。但这对婴儿来说并不适用，因为他们并不受教育当局全面监管，所以蒙台梭利女士和麦克米伦小姐可以在贫困家庭的孩子身上进行实验。相反，在通常的上学期间，往往只有有钱人才有条件对其子女进行教育实验，但他们中的大多数人自然喜欢传统的教育，而少数希望接受其他类型教育的人则分散生活在不同的地方。不管哪个地区都没法儿支撑起一所走读学校，像贝德尔斯中学①那样的教育实验只有在寄宿学校才可能进行。

然而，赞成选择走读学校的论据也同样具有说服力。在学校里，许多生活方面的问题都不会表现出来：学校是一个人为的世界，那里与外部世界有很大不同。一个只在假期才回家的男孩，家人们会对他关怀备至，与一个每天都回家的男孩相比，他学到的生活知识可能要少得多。目前，这种情况在女孩中不太常见，因为在许多家庭中女孩承担了更多的家务责任。但随着女孩的教育与男孩的教育的趋同，她们在家庭中的角色和男孩越来越相似，她们现在拥有的许多家务知识也将消失不见。

在15岁或16岁以后，将父母的一些事务和担忧分担给孩子是一件好事——但不应该过多，以免影响他们

---

① 贝德尔斯中学（Bedales School）设立于1893年，是一所寄宿学校，也是英国著名的皇家学校。

的学习。通过分担一些责任，孩子们可以开始意识到成年人也有自己的生活、兴趣和价值。在学校，孩子们是一切的中心，学校的所有活动都是围绕他们展开的。而在假期，家庭氛围往往也是以孩子为中心。这样一来，他们容易变得骄纵和冷漠，看不见成年人生活的艰辛和困难，而且丝毫不关心父母。

这种情况容易对孩子的情感产生不利影响。他们对父母的依恋将变得越来越弱，并且他们将永远不会学着调整自己，以便和那些爱好与追求都和自己不一样的人相处。我想这会导致一种自私的圆满（selfish completeness），那就是觉得自己的个性很特别。最能自然地纠正这种倾向的是家庭，因为家庭由不同年龄、不同性别以及不同职位的成员组成，它是一种有机体，不同于由同类个体所组成的集体。父母爱孩子的主要原因在于他们为孩子煞费苦心。如果父母不关心孩子，那孩子也就不会把父母放在心上。但父母的投入应该是适度的，以免影响到他们自己工作和生活的平衡。

孩子应该学会的事情之一就是尊重他人的权利，在家里会比在其他地方更容易学会这一点。让孩子知道自己的父亲会因担忧而筋疲力尽，母亲会因琐事而疲惫不堪，这对他们来说是有好处的。让孩子在青春期保持积极的孝心也是有益的。一个缺乏亲情的世界将变得冷酷无情，在这样的世界生存的人都横行霸道，一旦碰壁，他们就会变得谄媚。我担心这些不良后果从某种程度上是由送孩子上寄宿学校而造成的，我认为这些后果的严重性足以抵消寄宿学校的许多优势。

现代心理学家普遍认为，父母对孩子的过度影响是一件非常有害的事情，这当然是真的。但如果孩子从2岁或3岁就开始接受教育，如我建议的那样，过度影响的问题就不太可能发生。我认为，孩子在很小的年纪就去上走读学校，这是对父母主导所有事物与父母微不足道这两者间的一种适当折中。从刚才的一系列考虑来看，如果我们再加上一个幸福的家庭，那么这种方式显然最适合孩子的成长。

对于天性敏感的男孩来说，把他们置于一个完全由男孩组成的群体中，是有一定危险的。12岁左右的男孩大多处于行为粗鲁、情感冷漠的阶段。不久前，在一所著名的公立学校，一个男孩因同情工党而被打成重伤。在这种环境里，那些观点和兴趣与普通人有所不同的男孩很可能会遭受极大的痛苦。就算是在现在最现代化、最进步的寄宿学校，亲布尔人[①]的学生在布尔战争期间也会过得很艰难。

喜欢读书或不讨厌上学的男孩，肯定在同龄人中不受待见。在法国，那些最聪明的男孩都进入了高等师范学校，不再与普通男孩一起上学。这么做确实有很多好处，可以保护那些聪明孩子的心理健康，避免他们为了迎合普通孩子而损害自己的天赋，这种情况在英国十分常见。这么做可以让那些不受待见的男孩摆脱原本将不得不承受的压力和痛苦，还可以让那些聪明的男孩接受适合他们的教育。与针对普通孩子的教育相比，这种教育的进度要快得多。但另一方面，这种做法也会在以后的生活中把知识精英与普通大众隔离开，这可能会使得他们对普通人缺乏应有的理解。尽管存在这种潜在的缺点，但我认为这比英国上层阶级那种对头脑或品德优秀的男孩进行精神折磨的做法要好，除非他们恰好也擅长娱乐[②]。

---

① 布尔人（Boer），生活在南非的荷兰和法国移民的后裔。1899—1902年，英国和布尔人之间发生了一场争夺南非领土和资源的战争。

② 同意将有才能的孩子隔离开的论证，奥谢的书就很好地讨论了这一点。——作者注

但男孩的粗俗行为并无法纠正。事实上，和过去相比，这种情况已经少了很多。《汤姆·布朗的学生时代》描述了一个阴郁的场景，如果用它来描述现在的公立学校，难免会有些夸张。如果男孩们接受的是前几章所提及的那种早期训练，那么《汤姆·布朗的学生时代》中的描述就更不适用了。就像贝德尔斯中学所示，寄宿学校也有可能实行男女同校教育，我认为这种做法可以培养男孩们举止文明。我不愿轻率地承认两性之间的天然差异，但女孩比男孩更少使用暴力来欺负他人。然而目前很少有寄宿学校能让我放心地将一个在智力、道德、感受性方面都比常人优秀，或是在政治上不保守、在神学上不正统的男孩送去上学。我确信，对这样的男孩来说，现有的面向富裕家庭子女的公立学校制度是有害的。毕竟，拥有非凡天赋的人基本上都属于这种男孩。

在上述讨论中，寄宿学校和走读学校各有利弊。只有两点是基本不变的，他们相互对立：一是乡村、空气和空间的优点，二是亲情和通过理解家庭责任而得到的教育。

对那些住在乡村的父母来说，支持寄宿学校还有另一个原因，那就是附近可能没有一所真正优秀的走读学校。出于这些相互矛盾的考虑，很难得出任何可以普遍适用的结论。如果一个孩子身体强壮、精力充沛，就没有必要认真考虑健康问题，赞成寄宿学校的理由就少了一个。若孩子对父母有很深的感情，那么赞成走读学校的理由就少了一个，因为假期足以维持亲情，而住在学校正好可以避免这种感情的过度发展。有着卓越才能的敏感孩子最好别去寄宿学校，在极端情况下，甚至最好别去学校。当然，一所好学校要比一个坏家庭更有优势，而一个好家庭则比一个坏学校更胜一筹。如果学校和家庭都是好的，那么在做出选择之前，就必须权衡它们各自的优势。

到目前为止，我都是从经济富裕的家庭的角度来讨论的。对这些家庭来说，个人选择是可行的。但从社会和政治的角度去考虑这个问题，就会涉及其他因素。一方面，存在寄宿学校的费用问题；另一方面，若孩子不住在家里，就能够简化住房问题。我坚决认为，除了极少数情况外，每个人都应该接受学校教育直到18岁，专门的职业培训应该在18岁之后开始。虽然我们现在谈论的这两种方法都有不少推荐的理由，但对大部分工薪家庭的孩子来说，这个问题将在很长一段时间内由经济因素决定，那就是选择走读学校。虽然这个决定并非出于教育方面的理由做出的，但也没有可以认定它明显是错误决定的理由，因此这样的选择是可接受的。

第 5 章 /

孩子应该接受怎样的大学教育

在前几章中，我对品格教育和知识教育进行了讨论。在一个制度完善的社会里，所有孩子都应平等地接受这种教育。实际上，每个孩子都应真正享有接受教育的权利，除非有极为特殊的情况，如音乐天才（如果莫扎特一直到18岁都在被迫学习普通学校的课程，那将是不幸的）。但我认为，就算是在一个理想的社会，也会有很多人不会上大学。

我相信，现在只有少数人能从被延长到21岁或22岁的学校教育中受益。显而易见，许多在传统大学中混日子的纨绔子弟，很少能通过学习取得实质性的成就，他们更多是养成了挥霍无度的习惯。所以我们一定得追问，应该用什么标准来选拔适合上大学的人？如今可以上大学的人主要是那些父母有经济条件的人，尽管奖学金制度正在不断改变这一选拔机制。很明显，选拔的标准应该是教育上的标准，而非经济上的标准。年满18岁、受过良好教育的年轻男女，已经有能力从事有用的工作。如果他们在工作前还要上三到四年学，社会就会希望可以有效利用这段时光。但在决定谁应该上大学之前，我们还得深入了解一下大学在社会生活中的作用。

英国的大学经历了三个阶段，尽管第二阶段并未被第三阶段完全取代。最初，大学是为神职人员开设的职业学院。在中世纪，基本上只有神职人员才能接受教育。随着文艺复兴的到来，富人应该接受教育的想法在人们心中扎根，尽管人们认为女性需要接受的教育不用像男性那样多。17世纪至19世纪，英国大学提供“绅士教育”，牛津大学至今仍然延续着这一传统。由于我们在第一章中提起过的那些原因，这种教育理想已经不再符合现代社会的需求，它依赖于贵族政治，无法在民主政治或工业财阀的统治下蓬勃发展。如果实行贵族政治，那么最好由受过“绅士教育”的人来治理，但不实行贵族政治会更好。我不需要讨论这个问题，因为在英国，《改革法案》[①]的通过和《谷物法》[②]的废除已经解决

① 《改革法案》(*Reform Bill*)，英国在1832年通过的关于扩大下议院选民基础的法案，该法案改变了英国下议院由保守派独占的局面，加入了中产阶级的势力。

② 《谷物法》(*Corn Laws*)，英国在1815年通过的一项法案，为了维护英国本土贵族的利益而对生产成本较低廉的外国谷物实施进口关税，该法案于1846年被废除。

了这个问题。而在美国，该问题则由独立战争解决。的确，贵族政治的形式在英国仍然存在，但其精神已经是财阀统治，二者截然不同。那些发财的商人因为见风使舵的心态而将孩子送到牛津，希望他们的下一代可以成为“绅士”，结果却让他们的孩子讨厌做生意，以致家业凋零，不得不靠自己的力量谋生。因此，“绅士教育”已经不再是英国人生活的重要组成部分，在考虑未来的教育时不用过分关注。

由此，大学正在恢复其在中世纪所处的类似地位，它们正在变成职业学校。如今，律师、牧师医生和高级公务员一般都受过大学教育。在各行各业的工程师和技术人员中，拥有大学学位的人数也在增加。随着世界变得越来越复杂，工业越来越依赖科学，需要的专业人才也越来越多，而这些人才主要由大学培养和输送。保守派人士叹息技术学校侵占了纯学术的领地，但这种侵占气势汹汹，因为这正是那些轻视“文化”的财阀们所梦想的，与崇尚民主的反叛者相比，这些财阀才是纯学术的威胁。

“无用”的学问如同“为艺术而艺术”一般，是一种贵族式的理想，而不是财阀式的理想。若这种学术还有残留的痕迹可追寻，那是因为文艺复兴的传统还没有消亡。我对这种理想的衰落深感遗憾。有关贵族制的最好的东西之一就是纯学术，但贵族制的缺点太多，以至于这个优点被轻易掩盖。总的来说，不管我们是否愿意，贵族制都一定会被工业主义消灭。因此我们不妨下定决心，努力将可以附加进更具活力的新观念中的东西保留下来。如果坚持固守传统，那肯定会失败。

如果要将纯学术继续当作大学的一个目标，就必须让它与整个社会生活紧密相连，而不仅仅是少数悠闲绅士的专属爱好。我认为不讲求利害的学术是非常重要的，并期望看到它在学院中的地位得到加强，而不是越发被削弱。在英国和美国，为了从无知的富人那里获得捐款，导致纯学术地位已经下降。一种应对的方法是，创建一种有教养的、愿意将公共资金投入工业巨头无法理解的事中的民主政治。

虽然这并非不可能实现，但它需要提升公众的知识水平。保护者的赞助曾经是学者们的自然生计来源，因此现代学者还遗留着对富人的食客心态。如果他们可以让自己从这种心态中更多地摆脱出来，这件事就更好办了。

人们有时会把学术和学者混为一谈。举一个完全虚构的例子：一个学者可以通过教授酿造技术而非有机化学来改善自己的经济状况，他获得了经济利益，学术却遭受了损失。如果这位学者对于学术的热爱更加真诚，他就不会在政治上对捐钱设立与酿酒相关的教授职位的酿酒公司表示支持。如果他支持民主政体，民主政体将更愿意了解其学术研究的价值。出于以上种种原因，我希望能见到学术团体都可以依靠公共资金而不是富人捐款。这种缺点在美国比在英国更为严重，但它在英国一直存在，并且呈加剧的趋势。

如果暂时抛开政治因素，我觉得大学存在有两个目的：一是为某些职业培养人才，二是从事与直接效用无关的学术研究。因此，我们希望在大学里看到两种人，一种是那些决定从事相关职业的人，另一种是具有特殊才能、能够研究重要学术的人。然而，仅凭这些因素本身并不足以指导我们如何为各行各业选拔人才。

现在，除非来自一个富裕的家庭，否则个人很难从事法律或医学等行业，因为学费很高，而且没办法马上开始赚钱。最终，这些行业的人才选拔标准是群体性和世袭性的，而非是否适合工作。就拿医药来说，一个希望有效实施医疗的社会将选择在这一领域有抱负且有天赋的年轻人接受医疗培训。目前，该标准只能用来从有能力支付学费的那部分人中选拔人才，但可以成为优秀的医生的人可能有很多，但他们因为太穷而读不起医学，这种人才浪费是令人痛心的。

让我们再举一个不同的例子。英国是一个人口密度很高的国家，大部分食物都依赖进口。从各个角度考虑，尤其是从战时安全的方面考虑，提高粮食自给率是一个造福国家和民众的事情。然而，人们并未采取任何措施来对我们极其有限的土地进行有效耕种。农民的选定主要通过世袭：他们通常是由儿子继承父亲的职业。也有一些买了农场的人，他们有钱，但不一定拥有农业技能。大家都知道，丹麦的农业技术比英国的更具生产力，但英国并未采取任何措施让农民掌握这些技术。英国政府应该要求那些耕种大面积土地的人必须持有科学农业证书，就像要求司机持有驾照一样。

虽然在政治上，世袭原则已经被废除了，但它在生活的其他领域仍然普遍存在。只要它存在的地方就会导致效率低下，从前它就是这样制约公共事务的。我们必须用两条与其有密切关联的规则来取代世袭原则：首先，没有掌握必要技能的人不得从事重要工作；其次，技能教育所考虑的应该是受教育者的愿望和才能，而不是家庭贫富。显然，这两条规则可以显著提升效率。

因此，大学教育应该被视为拥有专长的人的特权，而那些有天赋但没钱的人应该由公共支出供他上学。能力考试不及格者不予录取，没有好好利用上学时间而导致成绩不合格者也不得继续在校学习。认为大学是富裕家庭子女消磨三四年时光的休闲场所的观念正在消失，但正如查理二世[①]之死一般，确立新的观念仍然需要时间。

当我强调大学里的年轻人不应该懈怠时，必须立即补充一点，那就是学业考试不应该成为僵化的规定。英国和美国的那些新建的大学经常要求学生参加无数的讲座，这是令人遗憾的。在我看来，就连蒙台梭利学校的孩子都有充分的理由去独立行动，而20岁的年轻人更应该如此，尤其是当他们是极其渴望知识且具有优秀才能的人的时候。当我还是本科生时，我和我的大多数朋友都觉得参加这些讲座完全是在浪费时间。我们的观点

① 此处的“查理二世”指的不是英国国王查理二世（1630—1685），而是法国国王查理二世（823—877），他去世后过了许多年，才有了继承王位的新君。

虽然有些夸张，但也很接近实际情况。举办讲座的真正原因在于这是一项用来装饰门面的工作，所以商人愿意为此给学校付费。如果大学教师采用最好的教学方法，商人们就会认为他们闲着没什么事干，从而要求学校缩小规模。牛津大学和剑桥大学因其杰出的声誉，还可以在一定程度上使用正确的教学方法，但英国那些新成立的大学无法挑战捐款的商人，美国的大多数大学也是这样。

在学期开始时，教师应列出一份精读书单，对一些人喜欢而一些人不喜欢的书籍也要简单介绍一下。教师应该设计试卷，学生只有理解书中的要点才能答出试题。学生考试结束后，教师应单独与学生会面。每隔一到两周，教师应该留出一个晚上去见那些想见他的学生，随意谈谈与他们学习相关的问题。所有这些做法都与老牌大学的做法差不多。若学生选择自己出试卷，即使与教师出的试卷不一样，但只要难度相同，就应该允许学生这样做。学生的勤奋程度可以通过他们自己出的试卷来判断。

但有一件事很重要，那就是每一位大学教师都应该有自己的研究，并且应该有足够的闲暇和精力去了解各国在本学科的最新研究进展。在大学里教书，教学技能不再那么重要，重要的是对本学科知识和科研动态的敏锐把握。因教学而过度劳累、疲惫不堪的人，是不可能做到这些的，这样的教师很可能会对本学科产生厌恶，而他的知识几乎肯定会局限于他年轻时所学的东西。

每一位大学教师都应该有休假的年份（如每七年一次），以便访问外国大学，或以其他方式了解最新的外国研究。这在美国很常见，但欧洲国家对自己的知识过于自负，不承认这样做是有必要的。在这一点上，他们犯了大错。我在剑桥大学的数学老师几乎不知道过去二三十年里欧洲大陆的数学知识。在整个本科期间，我从未听说过魏尔斯特拉斯①及其函数，直到后来出国旅行，我才与现代的数学家们有了联系。这种情况并不罕见或例外，类似的现象会在不同时期的不同都市出现。

在大学里，重视教学的人和关注研究的人之间存在着某种对立。这几乎完全是由于两个原因：一是错误的教学观念；二是有许多勤奋程度和能力都不合格的学生，他们本应该因为没有达到要求而被赶出校园。

① 魏尔斯特拉斯（Weierstrass，1815—1897），德国数学家，提出了ε-N语言、ε-δ语言以及魏尔斯特拉斯函数，被誉为“现代分析之父”，著有《关于阿贝尔积分论》。

在某种程度上，大学里仍然残存着旧式教师的观念。这种教师试图对学生施加良好的道德影响，并试图通过无用的旧知识对他们进行训练。人们已经知道这些知识大部分是错误的，但又认为它们有道德启示作用。学生不应该被敦促着学习，如果发现他们在浪费时间，无论是因为懒惰还是因为无能，都应该劝退他们。从逼迫中受益的品德只有一个，那就是努力，其余的品德都是在人生早期培养出来的。要想逼迫学生使其具备努力的品德，就要把那些没有这种品德的人赶走，因为他们显然更适合去做其他事情。不应该要求教师长时间地忙于教学，应该给予他很多闲暇时间去做研究，只是应该要求他合理利用这些闲暇时间。

要是对大学在人类生活中的作用进行审视，就会发现研究至少与教育一样重要。新知识是进步的主要原因，没有新知识，世界的发展很快就会停滞不前。通过传播并广泛应用现有的知识，世界暂时也可以继续取得进步，但这种进步光靠其本身是难以持续下去的。如果追求的知识是功利性的，那么甚至对知识的追求也无法自我持续。功利性知识必须通过非功利性的研究才有效用，后者的动机只是想更好地了解世界。所有伟大的进步最初都是纯理论上的，后来才发现这些理论知识可以应用于实践。就算某个非凡的理论从未有过任何实际用途，它仍然有其自身的价值，因为对世界的理解是一种终极的善。若有一天，科学团体和组织成功地满足了各种身体需求，并消除了残忍和战争，那时人们对知识和美的追求仍将实践我们对努力创造的热爱。

我不希望诗人、画家、作曲家或数学家专注考虑自己的活动在实践领域所产生的影响，不如说他应该专注于追求某种想象，抓住自己最初只是在片刻间隐约看见的那个东西，并将其长久留在心中。他是如此热烈地爱着这种想象，以至于现实世界中一切快乐和它相比都黯然失色。所有伟大的艺术和伟大的科学都源于这样一种热烈的渴望，那就是人们要将最初那种镜花水月的幻象具体地表现出来，那种动人心弦的美能诱使人们舍弃安全舒适的生活，献身于一种崇高的痛苦。拥有这种激情的人绝对不会被功利主义哲学的桎梏所束缚，因为一切使人类伟大的东西都是从这种激情开始的。

第 6 章 /

教育应以爱为始

养育的基本

在旅程结束时，让我们回望走过的路，以便俯瞰我们正在行走的地区的风景。

教育者追求的应该是一种以爱为基础的知识，这种知识同样也是学生应当掌握的。在教育的早期阶段，教师对学生的爱至关重要；随着时间推移，学生对所学知识的热爱也变得越来越重要。生理学、卫生学和心理学等领域的知识对教师来说至关重要，尤其是心理学知识。孩子天生的本能和反应可以通过环境的影响发展成习惯，进而塑造性格。这些过程大多在婴幼儿时期发生，因此这个时期是培养性格的理想时机。

那些在现实中随波逐流的人主张人性是无法改变的。如果他们指的是人性在6岁之后无法改变，那么他们的观点有一定的道理；如果他们指的是人们无法改变婴儿天生的本能和反应，那么在一定程度上也是正确的，尽管优生学在该领域已经并将继续取得显著的成就。

如果这些人的意思是，我们无法培育出与现有人群在品行上截然不同的成年人，那么他们就公然违反了现代心理学。假设有两个天性相同的婴儿，也许不同的早期环境会使他们成为性格迥异的成年人。早期教育的任务是对各种本能进行训练，使之成为一种和谐的品性，这种品性是建设性的而非破坏性的，是热情的而不是忧郁的，是勇敢的、坦率的和理性的。大部分孩子都能取得这些成果，在能正确训练孩子的地方，这已经成为现实。如果能充分利用现有的知识，并且切合实际地推行经过试验的方法，那么我们就可以在一代人的时间里创造一个几乎完全没有疾病、恶意和无知的社会。我们之所以没有这么做，是因为压迫和战争更对我们的胃口。

大多数情况下，天生的本能既可以引发好的行为，也可以导致坏的行为。在过去，人们不知道如何训练本能，因此不得不采用压制的方法。惩罚和恐惧曾经是实现所谓美德的强大动力。但现在我们认识到，压制不仅从未真正成功，还可能导致心理问题。对本能的训练则是一种完全不同的方法，包括使用完全不同的技巧。事实上，习惯和技能就如同引导本能的通道，本能可以根据通道的方向被引导至不同的路径。通过培养正确的习惯和技能，可以让儿童的本能自行激发出良好的行为。孩子不会感到被压迫，因为没有抵制诱惑的必要；孩子也不会遇到障碍，因此会感到自由无拘束。我并不是说这些说法绝对正确，我们总会遇到一些意想不到的情况，那时可能需要采用旧方法。然而，儿童心理学这门科学越完善，我们从幼儿园获得的经验越丰富，对新方法的应用也就越成功。

我已经试着向读者展示了光明的未来，现在这些未来已经触手可及。想想这意味着什么吧——健康、自由、幸福、善良、理性，几乎每个孩子都能达到这样的状态。只要我们愿意，就可以在一代人的时间内创造一个理想的世界。

若缺少了爱，这一切将化为乌有。即使拥有了知识，但缺乏爱会阻碍知识的应用。有时，人们对孩子的不闻不问使我近乎绝望——例如，那些受人尊敬的领导人几乎不愿意采取任何措施来预防感染性病的孩子出生时。不过，人们对孩子的爱正在逐渐增加，这种爱无疑是我们本能的冲动之一。

长达数百年的暴虐专制压抑了普通人性情中自然具有的仁慈，直到最近，一些基督教徒才停止教导人们诅咒那些未受洗的婴儿。民族主义是另一种使人道德泯灭的信仰，在欧洲战争期间，英国几乎让所有德国孩子都因患佝偻病[①]而备受折磨。我们必须唤醒自己本性中的善意，如果某种信仰以孩子的苦难为代价，我们应该拒绝它——无论它对我们有多么重要。几乎所有残忍信仰的心理根源都是恐惧，这也是我一再强调需要消除童年恐惧、挖掘并根除我们内心深处恐惧的原因。为了开启一个由现代教育引领的幸福新世界，即使面临比预期更大的个人风险，也是值得的。

如果我们努力培养的年轻人能够克服恐惧和束缚，摆脱叛逆或受压抑的天性，我们就能毫无保留地向他们展示知识的世界。如果能实施明智的教育，学习就将是一种享受，而非一项义务。

教育的关键不在于向职业阶段的孩子灌输超出常规的知识量，而在于培养他们敢于冒险和追求自由的精神，一种随时准备踏上探索之旅的意愿。如果我们在正规教育中坚持这种精神，那么所有具有潜力的学生都将

① 佝偻病是因为缺乏维生素D而引起钙、磷代谢紊乱，产生的以骨骼病变为特征的一种疾病，多见于婴幼儿。“一战”期间，英国对德国实行海上封锁，使得德国的物资输入受到了极大的限制，间接使得德国孩子患上了佝偻病。

通过自己的勤奋努力去追求更深层次的知识，社会应当为这些努力创造尽可能多的机会。

我们常被自然的力量和破坏性的情绪所左右，但知识赋予了我们摆脱这些束缚的能力。没有知识，我们就无法构建我们梦寐以求的理想世界。那些在自由、无畏的环境中成长起来的新一代，将会拥有比我们更广阔、更勇敢的梦想，因为他们不必像我们一样，与根深蒂固的恐惧和迷信做斗争。那些我们想要创造的自由的孩子，而非我们自己，必将首先在他们的梦想中，最终在光荣的现实中见证那个崭新的世界。

前进的方向清楚明了。对孩子的爱是否强烈到足以指引我们沿着这条道路前进？或者，我们是否会让自己的孩子重蹈我们曾经的痛苦，让他们在成长过程中遭受扭曲、压抑和恐吓，最终因为缺乏足够的理性而无法逃脱无意义战争的悲剧？长期以来，许多恐惧一直阻碍着我们走向幸福和自由，但爱有能力战胜这些恐惧。有了对孩子的爱，我们就能够给予他们这份无价的礼物，没有什么能够阻挡这份爱的力量。

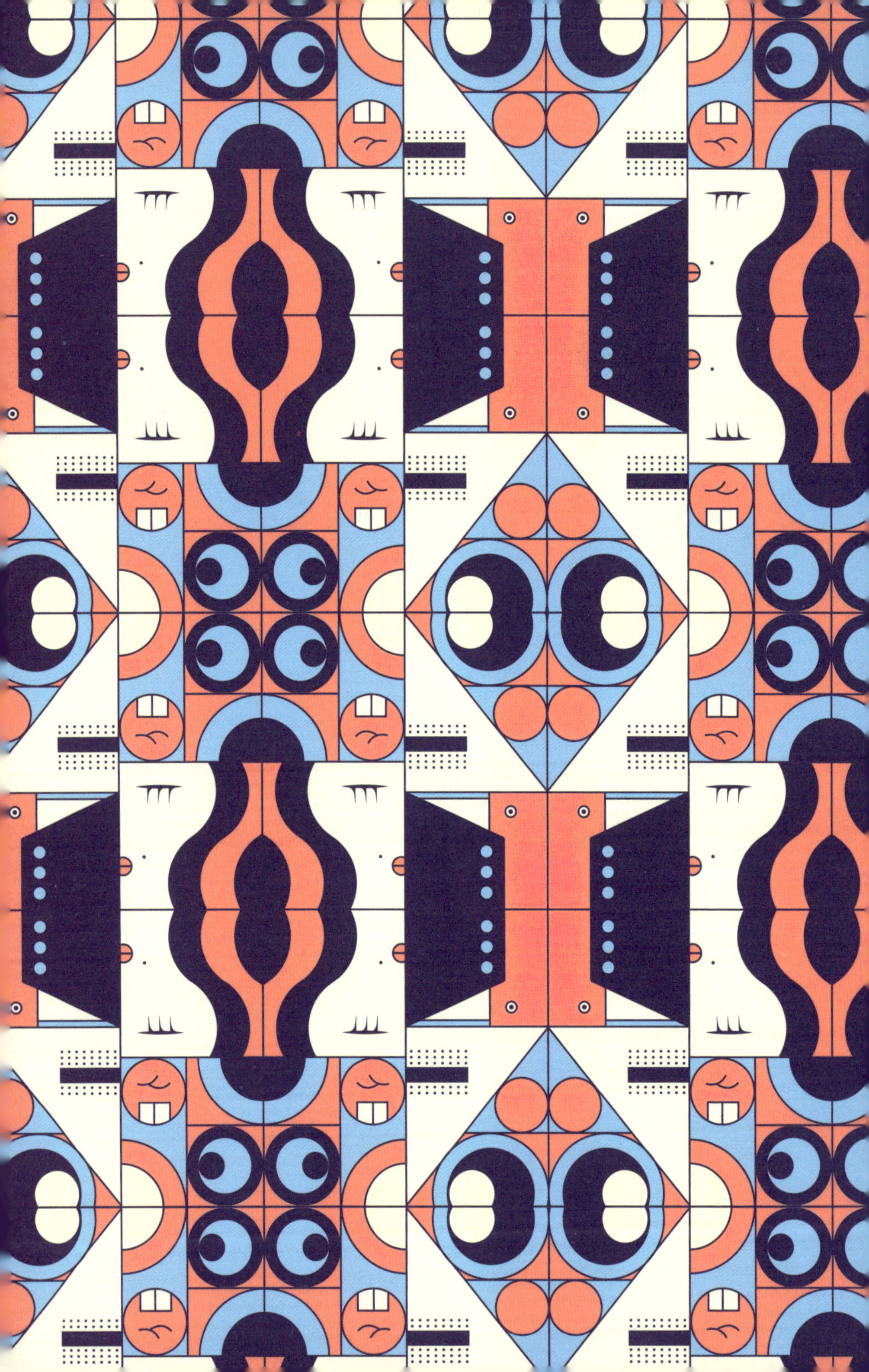